Obra Completa de C.G. Jung
Volume 11/4

Resposta a Jó

Comissão responsável pela organização do lançamento da Obra Completa de C.G. Jung em português:
Dr. Léon Bonaventure
Dr. Leonardo Boff
Dora Mariana Ribeiro Ferreira da Silva
Dra. Jette Bonaventure

A comissão responsável pela tradução da Obra Completa de C.G. Jung sente-se honrada em expressar seu agradecimento à Fundação Pro Helvetia, de Zurique, pelo apoio recebido.

Dados Internacionais de Catalogação na Publicação (CIP)
(Câmara Brasileira do Livro, SP, Brasil)

J92r

Jung, Carl Gustav, 1875-1961.
    Resposta a Jó / C.G. Jung; tradução do Pe. Dom Mateus Ramalho Rocha; revisão técnica de Dora Ferreira da Silva. 10. ed. – Petrópolis, Vozes, 2012.
    Título original: Zur Psychologie westlicher und östlicher Religion
    Bibliografia.

20ª reimpressão, 2024.

ISBN 978-85-326-0383-8
1. Bíblia. A.T. Jó – Aspectos psicológicos
2. Psicologia religiosa I. Título II. Série.

79-0616

CDD-223.1019
CDU-223.1:159.9

C.G. Jung

Resposta a Jó

11/4

EDITORA
VOZES

Petrópolis

© 1971, Walter-Verlag, AG, Olten

Tradução do original em alemão intitulado
Zur Psychologie westlicher und östlicher Religion (Band 11)
Parte IX – Antwort auf Hiob

Editores da edição suíça:
Marianne Niehus-Jung
Dra. Lena Hurwitz-Eisner
Dr. Med. Franz Riklin
Lilly Jung-Merker
Dra. Fil. Elisabeth Rüf

Conselho editorial

Diretor
Volney J. Berkenbrock

Editores
Aline dos Santos Carneiro
Edrian Josué Pasini
Marilac Loraine Oleniki
Welder Lancieri Marchini

Conselheiros
Elói Dionísio Piva
Francisco Morás
Gilberto Gonçalves Garcia
Ludovico Garmus
Teobaldo Heidemann

Secretário executivo
Leonardo A.R.T. dos Santos

Direitos exclusivos de publicação em língua portuguesa:
1979, Editora Vozes Ltda.
Rua Frei Luís, 100
25689-900 Petrópolis, RJ
www.vozes.com.br
Brasil

Todos os direitos reservados. Nenhuma parte desta obra poderá ser reproduzida ou transmitida por qualquer forma e/ou quaisquer meios (eletrônico ou mecânico, incluindo fotocópia e gravação) ou arquivada em qualquer sistema ou banco de dados sem permissão escrita da editora.

Produção editorial

Aline L.R. de Barros
Marcelo Telles
Mirela de Oliveira
Otaviano M. Cunha
Rafael de Oliveira
Samuel Rezende
Vanessa Luz
Verônica M. Guedes

Conselho de projetos editoriais
Isabelle Theodora R.S. Martins
Luísa Ramos M. Lorenzi
Natália França
Priscilla A.F. Alves

Tradução: Dom Mateus Ramalho Rocha, OSB
Revisão técnica: Dora Mariana Ribeiro Ferreira da Silva

Diagramação: AG.SR Desenv. Gráfico
Capa: 2 estúdio gráfico

ISBN 978-85-326-2424-6 (Obra Completa de C.G. Jung)

ISBN 978-85-326-0383-8 (Brasil)
ISBN 3-530-407119-9 (Suíça)

Este livro foi composto e impresso pela Editora Vozes Ltda.

Sumário

Prefácio da edição alemã, 7

Ao leitor benévolo, 11

Resposta a Jó, 17

Posfácio, 132

Referências, 135

Índice analítico, 137

Prefácio da edição alemã

A problemática religiosa ocupa um lugar central na obra de C.G. Jung. Quase todos os seus escritos, especialmente os dos últimos anos, tratam do fenômeno religioso. O que Jung entende por religião não se vincula a determinadas confissões. Trata-se, como ele próprio diz, de "uma observação acurada e conscienciosa daquilo que Rudolf Otto chamou de *numinosum*. Esta definição vale para todas as formas de religião, inclusive para as primitivas, e corresponde à atitude respeitosa e tolerante de Jung em relação às religiões não cristãs.

O maior mérito de Jung é o de haver reconhecido, como conteúdos arquétipos da alma humana, as representações primordiais coletivas que estão na base das diversas formas de religião.

O homem moderno sente, cada vez mais, falta de apoio nas confissões religiosas tradicionais. Reina atualmente uma grande incerteza no tocante a assuntos religiosos. A nova perspectiva desenvolvida por Jung permite-nos uma compreensão mais profunda dos valores tradicionais e confere um novo sentido às formas cristalizadas e esclerosadas.

Em *Psicologia e religião* Jung se utiliza de uma série de sonhos de um homem moderno, para nos revelar a função exercida pela psique inconsciente, e que lembra a alquimia. No trabalho sobre o "dogma da Trindade", mostra-nos determinadas semelhanças da teologia régia do Egito, assim como das representações babilônicas e gregas, com o cristianismo, e no estudo sobre o ordinário da missa usa ritos astecas e textos dos alquimistas como termos de comparação.

Na *Resposta a Jó* se ocupa, comovido e apaixonado, ao mesmo tempo, da imagem ambivalente de Deus, cuja metamorfose na alma humana pede uma interpretação psicológica.

Baseando-se no fato de que muitas neuroses têm um condicionamento religioso, Jung ressalta nos ensaios sobre "A relação entre a psicoterapia e a pastoral" e "Psicanálise e pastoral" a necessidade da colaboração entre a psicologia e a teologia.

A segunda parte do volume reúne, sobretudo, os comentários e prefácios a escritos religiosos do Oriente. Estes trabalhos mostram-nos, em essência, os confrontos e comparações entre os modos e formas de expressão do Oriente e do Ocidente.

O prefácio ao I Ching, livro sapiencial e oracular chinês, proveniente de tempos míticos imemoriais, também foi incorporado ao presente volume. Tendo em vista que um oráculo sempre tem alguma relação com o maravilhoso, o numinoso, e como, de acordo com a antiga tradição, os ensinamentos das sentenças oraculares do I Ching devem ser consideradas "acurada e conscienciosamente", é fácil perceber sua relação íntima com o religioso. O prefácio em questão é importante no conjunto da obra de Jung, por tratar da natureza e da validade do oráculo em si, tocando assim a região dos acasos significativos que devem ser interpretados não somente à luz do princípio da causalidade, mas também segundo o princípio derivado da sincronicidade.

O volume vem acrescido de um apêndice, que não figura na edição inglesa*. Trata-se, no caso, de escritos em que Jung responde de maneira um tanto pessoal a perguntas a respeito de problemas religiosos, contribuindo, deste modo, para um ulterior esclarecimento dos temas tratados na parte principal do volume.

Numa entrevista dada à televisão inglesa, ao lhe perguntarem se acreditava em Deus, Jung respondeu: "I do not believe, I know". Esta curta frase desencadeou uma avalanche de perguntas, de tal proporção, que ele foi obrigado a manifestar-se a respeito, numa carta dirigida ao jornal inglês de rádio e televisão *The Listener*. É digno de nota que o entomologista Jean-Henri Fabre (1823-1915) exprimira sua convicção religiosa em termos quase idênticos: "Não acredito em Deus: eu o *vejo*". Tanto Jung como Fabre adquiriram tal certeza no trato com a natureza: Fabre, com a natureza dos instintos, observando o mundo dos insetos; Jung, no trato com a natureza psíquica do homem, observando e sentindo as manifestações do inconsciente.

---

* Na edição portuguesa, constará do volume 11 completo.

A seleção dos textos deste volume segue a do tomo correspondente aos *Collected Works,* Bollingen Series XX, Pantheon, Nova York, e Routledge & Kegan Paul Ltd., Londres. Também a paragrafação contínua é, com exceção do apêndice, a do referido volume.

Apresentamos aqui nossos calorosos e sinceros agradecimentos à Sra. Aniela Jaffé, por seu auxílio no tocante a muitas questões, à Sra. Dra. Marie-Louise v. Franz por sua ajuda no controle das citações gregas e latinas, e à Sra. Elisabeth Riklin pela elaboração do Índice.

Abril de 1963.

Ao leitor benévolo

Doleo super te frater mi...
2Sm 1,26

"Devido ao seu conteúdo um tanto insólito, este meu trabalho exige um pequeno prefácio, que o benévolo leitor não deve perder de vista. No que se segue trataremos de veneráveis objetos da fé religiosa, e todos aqueles que se ocupam com isso correm o risco de ser reduzidos a pedaços pelo entrechoque das duas partes que discutem acerca desses objetos. Tal discussão parte do estranho pressuposto de que só é "verdadeiro" aquilo que se comprovou ou se comprova como sendo uma realidade *física*. Assim, por exemplo, acreditam que o nascimento original de Cristo foi um acontecimento físico, ao passo que outros o negam, por considerá-lo fisicamente impossível. Não há dúvida de que esta divergência de posições é logicamente insolúvel, e por isso seria melhor que os contendores deixassem de lado essas discussões estéreis, que não levam a nada. Ambas as partes têm e não têm razão, e chegariam mais facilmente a um acordo se renunciassem à palavrinha "físico". O conceito de "físico" não constitui o único critério de uma verdade, pois há também verdades *psíquicas* que não se podem explicar, demonstrar ou negar sob o ponto de vista físico. Se houvesse, por exemplo, uma crença geral de que em certo período de sua história o Reno tivesse corrido da foz para a nascente, tratar-se-ia de uma crença que é um fato em si, embora a sua formulação no sentido físico deva ser considerada como simplesmente inadmissível. Uma crença como esta constitui uma realidade psíquica, de que não se pode duvidar e que também não precisa ser demonstrada.

Os enunciados religiosos são desta categoria. Todos eles se referem a objetos que é impossível constatar sob o ponto de vista físico. Se assim não fosse, cairiam inexoravelmente sob o domínio das ciências naturais que os arrolariam simplesmente entre as coisas que não se podem comprovar pela experiência. Sob o ponto de vista físico, não têm qualquer sentido. Seriam simples milagres, passíveis de dúvida, incapazes de evidenciar a realidade objetiva de um espírito, ou seja, de um *sentido,* pois o sentido sempre se evidencia por si mesmo. O sentido e o espírito de Cristo estão presentes em nós e os podemos perceber mesmo sem os milagres. Estes últimos apelam para a inteligência daqueles que são incapazes de captar o sentido em si mesmo. Constituem meros sucedâneos de uma realidade do espírito que não foi compreendida. Mas com isto não pretendemos negar que a presença vital deste espírito seja, às vezes, acompanhada de fenômenos físicos extraordinários; apenas queremos acentuar que estes últimos não podem substituir, e muito menos produzir, o único e essencial conhecimento do espírito.

555   O fato de os enunciados religiosos se acharem muitas vezes em aberta oposição aos fenômenos fisicamente comprovados é uma demonstração da autonomia do espírito em face da percepção de ordem física e também de uma certa independência psíquica em relação às realidades físicas. *A alma é um fator autônomo,* e os enunciados religiosos são uma espécie de confissão da alma, os quais, em última análise, têm suas raízes em processos inconscientes e, por conseguinte, também transcendentais. Estes processos são inacessíveis ao domínio da percepção física, mas revelam sua presença mediante as confissões correspondentes da alma. Tais enunciados chegam até nós por meio da consciência humana, isto é, são expressos em formas vivas e dinâmicas que se acham, por sua vez, expostas a múltiplas influências de natureza tanto interna como externa. Por isso, quando falamos de conteúdos religiosos, situamo-nos em um mundo de imagens que se referem a um determinado inefável. Não sabemos se estas imagens, comparações e conceitos exprimem ou não com clareza seu objeto transcendental. O termo "Deus", por exemplo, expressa uma imagem ou um conceito verbal que sofreu muitas mudanças ao longo de sua história. Em tal caso não temos possibilidade alguma de mostrar, com a mínima parcela de certeza que seja – a não ser a da fé – se tais mudanças se referem apenas às imagens e aos conceitos, ou se atingem o próprio inefável. É verdade que podemos conceber a Deus não só como um agir em perpétuo fluxo, transbordante de vitalidade, que se transfunde em um número interminável de formas, mas

também como um Ser eternamente imóvel e imutável. Mas a única certeza de que dispõe a nossa inteligência é a de que trabalha com imagens, representações, que dependem da fantasia humana e de seus condicionamentos tanto em relação ao espaço como ao tempo; por isso mesmo, sofreram muitas modificações ao longo de sua história secular. Não há dúvida de que na origem destas imagens se acha algo que transcende a consciência e não somente impede que os enunciados variem simplesmente, de maneira ilimitada e caótica, como também mostrando que eles estão relacionados com uns poucos princípios ou arquétipos. Estes princípios são incognoscíveis em si mesmos, como a psique ou a matéria, e só podemos traçar os seus perfis, que, bem o sabemos, são incompletos, fato constantemente comprovado também pelos enunciados religiosos.

556 Por isso ao tratar, a seguir, destas realidades "metafísicas", faço-o plenamente consciente de que estou me movendo no mundo das imagens e de que nenhuma de minhas reflexões toca o inefável. Sei perfeitamente como é reduzida a nossa capacidade de representação – sem falarmos das limitações e da pobreza de nossa linguagem – para ter a pretensão de imaginar que minhas afirmações dizem em princípio mais do que a crença do primitivo, quando este afirma que o seu deus salvador é uma lebre ou uma serpente. Embora todo o nosso universo de representações seja constituído de imagens antropomórficas e portanto, segundo creio, incapazes de resistir a uma crítica racional, contudo é preciso não esquecer que ele assenta em arquétipos numinosos, ou seja, em um fundamento emocional que parece inacessível à razão crítica. Refiro-me aqui a casos psíquicos cuja existência podemos ignorar mas nunca refutar. É por isto que Tertuliano invoca a este respeito e não sem razão o testemunho da alma, quando diz na sua obra *De testimonio animae*:

"Estes testemunhos da alma quanto mais verdadeiros, tanto mais simples; quanto mais simples, tanto mais vulgares; quanto mais vulgares, tanto mais comuns; quanto mais comuns, mais naturais; quanto mais naturais, tanto mais divinos. Não acredito que estes testemunhos possam parecer sem sentido e importância para alguém, tendo em vista que é justamente da majestade da natureza que provém a autoridade da alma. O que atribuíres à mestra, também deverás atribuir à discípula. A mestra é a natureza, a discípula, a alma. Tudo quanto a primeira ensinou ou a segunda aprendeu foi concedido por Deus, preceptor da mestra. Está em ti, a partir da alma que tens dentro de ti, julgar o quanto a alma possa receber do seu supremo mestre. Procura sentir dentro de ti a presença daquela de onde provêm as tuas sensações. Considera que ela é tua vidente nos eventos que prenunciam o futuro, tua intérprete nos vaticínios, e aquela que vela por ti nos acontecimentos posteriores. Admirável é que ela conheça o Deus que concedeu aos homens tais coisas, mas mais admirável ainda é que conheça Aquele que as deu"*.

Dando mais um passo à frente, considero as afirmações da Sagrada Escritura como manifestações da alma, embora com o risco de incorrer na suspeita de psicologismo. Ainda que os enunciados da *consciência* possam não passar de enganos, mentiras e outras arbitrariedades, isto não acontece com os enunciados da alma: em primeiro lugar, eles ultrapassam os limites de nosso pensar comum, pois se referem a realidades que transcendem a consciência. Estes *entia* (entes) são os arquétipos do inconsciente coletivo que produzem os complexos de representações sob a forma de temas mitológicos. Estas representações não são inventadas; são percebidas interiormente (por exemplo, nos sonhos) já como produtos acabados. São fenômenos espontâneos que escapam ao nosso arbítrio e por isso podemos atribuir-lhes uma certa autonomia. Pela mesma razão, devemos considerá-los não só como objetos em si, mas como sujeitos dotados de leis próprias. Podemos, naturalmente, descrevê-los e até certo ponto interpretá-los como objetos, sob o ponto de vista da consciência, tal

---

* Capítulo V em MIGNE, J.P. *Patr. Lat.*, t. 1, col. 615s.: ("Haec testimonia animae quanto vera, tanto simplicia; quanto simplicia, tanto vulgaria; quanto vulgaria, tanto communia; quanto communia, tanto naturalia; quanto naturalia, tanto divina. Non putem cuiquam frivolum et frigidum videri posse, si recogitet naturae maiestatem, ex qua censetur auctoritas animae. Quantum dederis magistrae, tantum adjudicabis discipulae. Magistra natura, anima discipula. Quidquid aut illa edocuit, aut ista perdidicit, a Deo traditum est, magistro scilicet ipsius magistrae. Quid anima possit de principali institutore praesumere, in te est aestimare de ea quae in te est. Senti illam, quae ut sentias efficit: recogita in praesagiis vatem, in ominibus augurem, in eventibus prospicem. Mirum si a Deo data homini novit divinare. Tam mirum, si eum a quo data est, novit").

como se pode descrever e interpretar uma pessoa viva. Mas no caso presente é preciso deixar de lado a autonomia desses objetos. Entretanto, se levarmos em conta esta autonomia, as representações a que nos referimos devem ser tratadas como sujeitos, ou seja, devemos reconhecer seu caráter espontâneo e também a sua intencionalidade, isto é, uma espécie de consciência e de *liberum arbitrium* (livre-arbítrio). Observamos o seu modo de comportar-se e consideramos os seus enunciados. Este duplo ponto de vista que devemos assumir em relação a qualquer organismo mais ou menos autônomo conduz naturalmente a um duplo resultado: de um lado, a uma espécie de relato sobre aquilo que faço com esse objeto e, de outro, ao relato do que ele faz (ocasionalmente em relação a mim). Não há dúvida de que esta duplicidade de aspectos, em si inevitável, causa no início uma certa confusão na mente de meus leitores, e isto de modo particular em se tratando, nas páginas subsequentes, do arquétipo da divindade.

Se alguém tivesse a tentação de estabelecer um "limite" (Nur) às imagens divinas, certamente entraria em conflito com a experiência que nos revela, sem a menor sombra de dúvida, a extraordinária numinosidade dessas imagens. A eficácia extraordinária (= mana) dessas representações é de tal intensidade, que se tem a impressão de que elas não só indicam o "Ens realissimum", como também parecem expressá-lo e mesmo produzi-lo. E isto é o que torna a discussão sumamente difícil, quando não impossível. De fato, não se pode conceber a realidade de Deus, a não ser recorrendo a imagens que surgiram, em geral, de forma espontânea ou foram consagradas pela tradição e cujos efeitos psíquicos a razão distinguiu de seu fundamento metafísico, inacessível ao conhecimento. A razão simplesmente confunde a imagem viva e atuante com o X transcendental a que esta última está ligada. A legitimidade ilusória deste procedimento logo nos salta aos olhos, e não pode ser levada em consideração enquanto não se levantarem graves objeções contra o enunciado. Caso exista algum motivo para críticas, é preciso que nos lembremos de que a imagem e o enunciado são processos psíquicos que não se confundem com o seu objeto transcendental. Eles não o produzem; simplesmente o indicam. Mas a crítica e a discussão no âmbito dos processos psíquicos não somente são permitidas, como até mesmo são inevitáveis.

559   O que tentarei nas páginas subsequentes representa uma espécie de confrontação com certas representações religiosas tradicionais. O fato de eu tratar de fatores numinosos constitui um desafio não só para o meu *intelecto* como também para o meu *sentimento*. Por isso não posso me escudar por detrás de uma prudente objetividade; pelo contrário, devo deixar que fale minha subjetividade emocional, dizendo aquilo que sinto quando leio determinados livros da Sagrada Escritura ou me recordo de certas impressões que recebi dos ensinamentos de nossa fé. Não escrevo na qualidade de perito em Sagrada Escritura (que não sou), mas como leigo e como médico a quem foi dado perscrutar as profundezas da vida da alma de inúmeras pessoas. Embora o que eu expresse seja principalmente fruto de minha concepção pessoal, sei que falo também em nome de muitos outros aos quais aconteceu algo de semelhante ao que se passou comigo.

Resposta a Jó

O Livro de Jó constitui um dos marcos miliários que assinalam a longa caminhada da evolução de um drama divino. Na época em que o livro surgiu, já havia testemunhos de várias espécies: fora traçada uma imagem contraditória de Javé, imagem de um Deus excessivo em suas emoções, e que sofria por causa desses excessos, um Deus que reconhecia a cólera e o ciúme que o corroíam, o que lhe era doloroso. A percepção existia ao lado da falta de percepção, a bondade ao lado da crueldade e a força criadora ao lado da vontade destruidora. Tudo havia nesse Deus, e uma coisa não impedia a outra. Semelhante estado de coisas só é concebível quando não há uma consciência reflexa ou a reflexão constitui um dado real, um fator concomitante impotente e inoperante. Uma situação de tal natureza não pode ser designada senão como *amoral*.

Através dos testemunhos da Sagrada Escritura sabemos de que modo os homens do Antigo Testamento sentiam o seu Deus. Mas não é disto que trataremos nesta obra, e sim da forma pela qual uma pessoa criada e instruída no cristianismo se confronta com as trevas divinas tais como aparecem no livro de Jó e como essas trevas agem sobre tal pessoa. Não me proponho a apresentar uma exegese fria e ponderada, que levasse em conta todos os pormenores; muito pelo contrário, expressarei minha reação subjetiva. Com isto, ouvir-se-á uma voz em favor de muitas pessoas que sentem algo de semelhante dentro de si, manifestando-se a comoção interior provocada pela exteriorização da maldade e da selvageria "divinas", que nada encobre. Embora saibamos que há divisão e sofrimento no seio da divindade, eles são de tal maneira irreflexos e por isso mesmo moralmente inoperantes, que não suscitam qualquer compreensão compassiva, mas um afeto ao mesmo tempo irreflexo e constante, a modo de uma ferida que só paulatinamente se fecha. Da mesma forma que a ferida tem a marca da arma que a provocou, assim também o afeto corresponde ao ato da violência que lhe deu origem.

562 O livro de Jó serve de paradigma de uma forma de experiência íntima de Deus, experiência que possui um significado particular para a época em que vivemos. Experiências desta natureza assaltam o homem não somente a partir de dentro, mas também a partir de fora, e não teria sentido algum reinterpretá-las de modo racional e, assim, atenuá-las apotropeicamente. É preferível para o indivíduo admitir a existência do afeto e submeter-se a sua violência, do que desembaraçar-se dele mediante operações mentais abstratas de qualquer espécie ou estados emocionais de fuga. Embora devido ao afeto o homem imite todas as más qualidades do ato de violência, tornando-se com isto culpado do mesmo erro, contudo, a finalidade deste acontecimento é precisamente penetrar no interior do homem fazendo com que ele se curve à sua ação. Por isso, é necessário que o homem seja afetado; contrariamente, essa ação não o atingirá. Mas é conveniente que o indivíduo saiba, ou melhor, tome conhecimento daquilo que o afetou, pois assim transformará em conhecimento a cegueira, não só da violência, mas também do afeto.

563 Esta é a razão pela qual nas páginas seguintes deixarei que o afeto se expresse, sem qualquer temor e consideração; que a justiça responda à injustiça, a fim de que eu possa compreender a razão ou a finalidade pela qual Jó foi ferido e quais as consequências decorrentes deste acontecimento, não somente para Javé mas também para o homem.

I

564 Jó responde ao discurso de Javé, nos seguintes termos:
"Sinto-me pequeno, que poderei responder-te?
Porei minha mão sobre a boca;
Falei uma vez, não replicarei;
Duas vezes, e nada mais acrescentarei"[1].

565 Na verdade, diretamente, em face do poder criador infinito, esta é a única resposta possível por parte de uma testemunha cujos mem-

---

1. Jó 39,34s.

bros continuam tomados pelo temor de um quase total aniquilamento. Que outra resposta, racionalmente falando, um pobre verme humano semiesmagado e se arrastando sobre o pó da terra poderia dar em tais circunstâncias? Apesar de sua deplorável pequenez e fraqueza, este homem tem a consciência de que se defronta com um ser de natureza sobre-humana, extremamente sensível sob o ponto de vista pessoal, e que é preferível, em qualquer caso, abster-se de toda e qualquer consideração crítica; quanto às pretensões de ordem moral que acredita poder ter em relação a um Deus, deverá renunciá-las.

Louva-se a justiça de Javé. Jó poderia muito bem apresentar a ele, o justo juiz, suas queixas e proclamar a sua inocência. Mas Jó duvida de que isto seja possível: "Como poderia um homem ter razão diante de Deus?... Ainda que eu o quisesse citar em juízo, ele não me responderia... Se buscamos o direito, quem o poderá citar?" Mutiplica-lhe as feridas sem motivo algum... Inocente ou culpado, Ele os faz perecer! Quando o seu flagelo causa de repente a morte, Ele ri-se do desespero dos inocentes... "Sei", diz Jó a Javé, "que não me absolverás. Eu tenho a certeza de que me julgarás culpado". Por mais que ele se purificasse, Javé o "submergiria na cloaca... Ele não é um homem como eu, com quem eu possa comparecer, para responder-lhe em juízo"[2]. Mas Jó quer explicar o seu modo de pensar a Javé, quer apresentar-lhe suas queixas e diz que Ele sabe muito bem que ele, Jó, é inocente, e que "ninguém o pode livrar de tuas mãos"[3]. Ele "deseja ardentemente" "querelar com Deus"[4]. Quer expor-lhe o "seu modo de proceder"[5]. Sabe que está "no seu direito". Javé deveria citá-lo em juízo e explicar-lhe suas razões, ou pelo menos permitir-lhe que apresente suas queixas. Numa correta apreciação da disparidade de condições entre Deus e o homem, Jó propõe a pergunta: "Queres, então, assustar uma folha levada pelo vento e perseguir uma palha seca?"[6] Deus "torceu o seu direito"[7]. Privou-o "de seu direito". Não olha

---

2. Jó 9,2-32.
3. Jó 10,7.
4. Jó 13,3.
5. Jó 13,15.
6. Jó 13,25.
7. Jó 19,6.

para a injustiça. "Até o último alento, insistirei em minha inocência. Agarrar-me-ei fortemente à minha justiça e não a abandonarei"[8]; seu amigo Eliú não acredita na injustiça de Javé: "Deus não é injusto e o Todo-poderoso não falseia a justiça"[9] e fundamenta esta sua opinião de maneira ilógica, apelando para o *poder;* também não se dirá ao rei: "Tu és malvado!" e ao nobre: "Tu és um ímpio!" Segundo ele, é preciso "respeitar a pessoa dos príncipes" e "ter mais consideração pelos ricos do que pelos pobres"[10]. Mas Jó não se deixa abalar e profere uma palavra muito significativa: "Eis que desde agora habita nos céus a minha testemunha e o meu fiador nas alturas... *meus olhos recorrem a Deus, desfeitos em lágrimas, para que Ele defenda o homem diante de Deus*[11]; e em outra passagem, diz: "Ora, eu sei que meu defensor está vivo e que no fim ele se levantará sobre o pó da terra"[12].

567   Das palavras de Jó se deduz claramente que ele, embora duvidando de que alguém possa ter razão contra Deus, só com dificuldade desiste da ideia de se confrontar com Deus no terreno do direito e da moral. Custa-lhe saber que o arbítrio divino torce o direito, pois mesmo crendo na justiça divina não quer ceder. Por outro lado, porém, vê-se obrigado a confessar que outro não é o que lhe causa injustiça e violência senão o próprio Javé. Não pode deixar de reconhecer que se acha diante de um ser que não se preocupa com julgamentos morais nem com uma ética que lhe imponha obrigações. Talvez o que de mais elevado haja em Jó seja que ele, em face de uma dificuldade como esta, não se perturbe com a unidade de Deus, percebendo claramente que Deus se harmoniza tão perfeitamente consigo próprio, que Jó tem a certeza de que encontrará em Deus um advogado e defensor contra o próprio Deus. Tão certa é para ele a existência do bem em Javé quanto a existência do mal. Não se pode esperar um defensor na pessoa de um homem que não pode fazer-nos o mal. Mas Javé não é um homem. Ele é, a um só tempo, perseguidor e defensor, e nesta situação um dos aspectos é tão real quanto o outro. Javé não

---

8. Jó 27,2; 5-6.
9. Jó 34,12.
10. Jó 34,18s.
11. Jó 16,19-21.
12. Jó 19,25.

se acha dividido, mas constitui uma *antinomia*, isto é, uma oposição interna total, que é a condição preliminar e necessária de seu imenso dinamismo intrínseco, de seu poder e ciência infinitos. A partir deste conhecimento, Jó persiste no propósito de "expor seu modo de proceder" a Javé, ou seja, insiste em lhe explicar o seu ponto de vista, pois apesar da sua ira, Javé, contra si próprio, é também defensor do homem que lhe apresentou uma queixa.

O conhecimento de Jó a respeito de Deus poderia causar maior espanto ainda, se o ouvíssemos falar, pela primeira vez, do caráter amoral de Javé. Mas os caprichos imprevisíveis e os acessos destrutivos da ira de Javé eram conhecidos desde os tempos antigos. Ele sempre aparece como o zeloso guardião da lei, particularmente sensível em relação à justiça. Por isso era preciso louvá-lo continuamente como "justo", coisa a que Ele, como parece, atribuía não pouca importância. Graças a este atributo, Ele possuía uma *personalidade distinta* que o diferenciava da pessoa de um rei mais ou menos arcaico, apenas em virtude da amplidão. Seu caráter cioso e sensível que sondava, com desconfiança, o coração do homem infiel e seus pensamentos secretos, dava origem forçosamente a um relacionamento pessoal entre Ele e o homem ao qual outra coisa não restava senão sentir-se pessoalmente chamado por Ele. É isto o que distingue essencialmente Javé do Todo-poderoso Pai Zeus que benevolamente, e como que posto um pouco à parte, fazia com que a ordem do mundo se desenrolasse dentro de caminhos consagrados desde épocas imemoriais, só castigando aquilo que contrariasse a ordem estabelecida. Não moralizava, mas tudo governava segundo os ditames dos instintos. Nada queria *da parte dos homens*, a não ser os sacrifícios que lhe eram devidos. Nada queria com eles, pois não tinha planos que lhes dissesse respeito. Pai Zeus era uma figura, não uma personalidade. Javé, pelo contrário, se interessava pelos homens. Estes constituíam para Ele uma de suas principais preocupações. Javé precisava dos homens do mesmo modo que estes também precisavam dele, de maneira premente e pessoal. É verdade que Zeus poderia lançar suas setas inflamadas, mas somente sobre delinquentes isolados que contrariassem a ordem estabelecida. Nada tinha a objetar contra a humanidade como um todo, nem esta lhe interessava de modo particular. Javé, pelo contrário, podia irar-se desmesuradamente contra os homens enquanto gênero e enquanto indivíduos, quando estes não se comportavam como Ele queria e esperava, mas sem jamais explicar-lhes que sua onipotência poderia criar coisas muito melhores do que "miseráveis vasos de terra".

569 Em face deste relacionamento pessoal intenso com o seu povo, era inevitável que se desenvolvesse uma aliança toda particular que se referia também a determinadas pessoas, como, por exemplo, Davi. Como nos relata o Salmo 89, disse Javé a Davi:

> "...não faltarei à minha fidelidade.
> Não violarei minha aliança,
> E nada mudarei daquilo que meus lábios proferiram.
> Uma coisa eu jurei pela minha santidade:
> nunca hei de mentir a Davi..."[13]

570 Mas apesar disso aconteceu que Ele, o zeloso guarda do cumprimento da lei e do pacto, quebrou o próprio juramento. O homem veria o abismo do mundo abrir-se diante de si e o solo fugir debaixo de seus pés, pois o que ele esperava de seu Deus seria, no mínimo, que se mostrasse sob todos os aspectos superior a um simples mortal, e isto no sentido do melhor, do mais elevado e do mais nobre, e não sob o ponto de vista da mobilidade e da falta de seriedade morais que admitem como muito natural até mesmo uma quebra de juramento.

571 É evidente que não se pode contrapor um Deus arcaico às exigências da ética moderna. Para os homens da remota antiguidade as coisas eram um pouco diferentes: em seus deuses floriam e vicejavam ao mesmo tempo as virtudes e os vícios. Por isso, eles podiam submetê-los a castigos, prendê-los, enganá-los e atiçá-los uns contra os outros sem que perdessem o prestígio, pelo menos a longo prazo. O homem daquele *éon* estava de tal modo acostumado às incongruências de seus deuses, que não se abalava muito quando ocorriam. Mas com Javé a coisa era diferente, dado que o fator da ligação pessoal e moral desempenhava, há muito, um papel de importância na relação religiosa. Em tais circunstâncias a quebra do pacto representava uma ofensa não só no plano pessoal como também no plano religioso. O primei-

---

13. Sl 89,34-36.

ro destes aspectos se deduz do modo pelo qual Davi responde a Deus, ao dizer:

> "Até quando, Senhor, continuarás escondido,
> até quando farás arder como fogo a tua cólera?
> Lembra-te, Senhor, o quanto fugaz é esta vida,
> Como são efêmeros todos os homens que criaste!
> ....
> Onde estão, Senhor, os teus favores de outrora,
> E os juramentos que fizeste a Davi por tua fidelidade?"[14]

Se isto fosse dito a um homem, o seu teor seria expresso mais ou menos da seguinte maneira: "Detém-te, afinal, e para com essa tua fúria insensata! Não vês como é realmente grotesco que alguém como tu se irrite deste modo contra as plantinhas que não querem crescer como convém, e isto não sem tua culpa. Bem que poderias ter sido razoável outrora, cuidando corretamente do jardinzinho que plantaste, em vez de calcá-lo aos teus pés".

Mas o interlocutor não ousa discutir com o parceiro todo-poderoso a respeito da quebra do pacto. Ele bem sabe o que teria de ouvir, se fosse *ele* o desgraçado violador do direito. Deve refugiar-se no plano mais alto da razão, porque senão sua vida correria perigo, e assim se mostra ligeiramente superior, ao parceiro divino, sem o saber e sem o querer, tanto sob o ponto de vista intelectual quanto sob o ponto de vista moral. Javé não percebe que é "tratado" como objeto, e tampouco compreende por que deve ser continuamente louvado como justo. Ele faz questão cerrada, junto a seu povo, de ser "louvado"[15] e propiciado de todas as formas possíveis, evidentemente para ser mantido, a todo custo, em boas disposições de espírito.

O caráter que então se delineia é próprio de uma personalidade que só pode ter consciência de sua existência em virtude de um objeto. A dependência em relação ao objeto é total, quando o sujeito não é capaz de refletir sobre si mesmo e, por conseguinte, não tem a percepção do que se passa no seu interior. A impressão é a de que ele só existe porque tem um objeto que garante de fato que ele existe. Se

---

14. Sl 89,47-48.50.
15. Ou mesmo ser "abençoado", o que é sobretudo capcioso.

Javé tivesse consciência da própria existência, como seria de se esperar, pelo menos por parte de uma pessoa dotada de percepção, deveria ter feito cessar os louvores à sua justiça, em face da situação real em que Ele se acha. Mas Javé é inconsciente demais para ser "moral". A moralidade pressupõe a consciência. Com isto, evidentemente, não queremos dizer que Javé seja, por exemplo, imperfeito ou mau, como um demiurgo gnóstico. Ele possui cada um dos seus atributos em sua plenitude, inclusive, portanto, a justiça pura e simples, mas não deixa de ser também o contrário, e isto também de maneira absoluta e total. É assim, pelo menos, que devemos imaginá-lo, se quisermos ter uma visão unitária de sua natureza. A única condição, neste caso, é que devemos estar conscientes de que, com isto, não fizemos senão esboçar uma imagem antropomórfica que não chega a ser diretamente perceptível. A maneira pela qual o ser divino se expressa nos mostra que os seus atributos não se relacionam satisfatoriamente uns com ou outros e assim se decompõem em atos contraditórios. Então Javé se arrepende, por exemplo, de ter criado o homem, embora sua sabedoria infinita percebesse claramente, desde o início, o que haveria de acontecer com um tal homem.

II

575   Como o Onisciente perscruta todos os corações, e os olhos de Javé "vagueiam por toda a terra"[1], é preferível que o interlocutor do Salmo 89 não tome logo consciência de sua pequena superioridade moral em relação ao deus que é um pouco menos consciente, ou, mais exatamente, que se precavenha, pois Javé não gosta de ideias críticas que possam reduzir o afluxo do reconhecimento que reclama. Quanto maior é a ressonância de seu poder através do espaço cósmico, menor é a base de seu ser que precisa, por exemplo, de algo que o reflita para poder existir realmente. Efetivamente, o ser só tem validade na medida em que alguém tome consciência de sua existência. Por isso o Criador necessitou da consciência humana, embora,

---

1. Zc 4,10; cf. tb. Sb 1,10: "Pois o ouvido do zelo divino escuta tudo, e nem mesmo o ruído das murmurações se lhe esconderá".

levado por sua inconsciência, preferisse impedir que ele se tornasse consciente. Por isso também precisou ser aclamado por um pequeno grupo humano. É fácil imaginar o que teria acontecido se esta assembleia cessasse de aplaudir. Haveria um estado de comoção seguido por um sério vandalismo e um segundo mergulho na solidão infernal e no nada mais tormentoso, acompanhado de um grande e inexprimível anseio, que aos poucos tomaria corpo e vida, através de algo que me tornasse mais sensível a mim mesmo. É talvez por isso que todas as coisas primitivas e até mesmo o homem antes de se tornar canalha são de uma beleza tocante, pois no *statu nascendi* (na fase de nascimento) "qualquer coisa em seu gênero" representa o que há de mais precioso, de intimamente desejado e de profundamente terno, na visão do amor e da bondade infinitos do Criador.

576 Dado o caráter inegavelmente temível da ira divina e numa época em que não se tinha plenamente consciência do que se dizia ao referir-se a um "temor de Deus", era natural que uma humanidade bem superior sob certos aspectos se mantivesse num estado de inconsciência. A personalidade poderosa de Javé, que carecia também de quaisquer antecedentes biográficos (estando sua relação original com os *eloins* mergulhada no Letus havia já muito tempo), elevava-o acima de todos os numes da gentilidade, imunizando-o assim contra a tendência da destruição da autoridade dos deuses helênicos, influência que perdurava havia já alguns séculos. Para estes deuses tornara-se fatal o detalhe de sua biografia mitológica cujo aspecto chocante e incompreensível foi sendo reconhecido cada vez mais nitidamente. Ora, Javé não tinha origem, nem passado atrás de si, com exceção de seu título de Criador com o qual teve início a história em geral, e de sua relação com aquela parte da humanidade cujo primeiro pai, Adão, ele criara à sua imagem e semelhança, como o *anthropos,* o homem primordial puro e simples, num ato criador manifestamente especial. Os demais homens que já existiam naquela época tinham sido formados antes, como é de se supor, no torno do divino oleiro, juntamente com as "várias espécies de animais selvagens e domésticos". Entre esses homens, Caim e Set tomaram suas mulheres. Quem não admitir esta minha hipótese, terá diante de si apenas outra possibilidade, muito mais chocante do que a primeira, ou seja, a de que os dois se casaram com as irmãs, cuja existência não é textualmente con-

firmada, como supunha o filósofo da história, Karl Lamprecht, em fins do século XIX.

577   A *providentia specialis* que garantiu aos judeus pertencentes ao número dos portadores da semelhança de Deus, o caráter de povo eleito sobrecarregou-os, desde o início com uma obrigação que eles, compreensivelmente, procuravam evitar de todos os modos possíveis, como acontece em geral em semelhantes casos. Como o povo se aproveitava de todas as ocasiões para fugir a seus compromissos e considerando Javé de importância vital ligar definitivamente a si o objeto que lhe era indispensável e que ele mesmo formara para este fim, "à semelhança de Deus", desde os primórdios, Ele propôs ao ancestral Noé uma "aliança". Entre ele, Javé e Noé, juntamente com seus filhos e os animais domésticos e selvagens que lhes pertenciam foi estabelecido um pacto que prometia vantagens para as duas partes contratantes. Para fortalecer esta aliança e mantê-la viva, Javé instituiu o arco-íris como sinal do pacto. Mais tarde, ao produzir as nuvens que traziam os raios e a inundação em seu bojo, também faria aparecer o arco-íris que lembraria a ele, Javé, e a seu povo o pacto outrora celebrado. De fato, a tentação de utilizar um aglomerado de nuvens para a experiência de um dilúvio não era pequena e por isso era aconselhável ligar a este fenômeno um sinal que indicasse a autoria da obra e advertisse, enquanto era tempo, contra uma possível catástrofe.

578   Apesar dessas medidas de precaução, o pacto com Davi foi rompido, acontecimento este que deixou seus vestígios literários nas Sagradas Escrituras, para confusão e intranquilidade de algumas pessoas piedosas que tinham dúvidas a respeito quando faziam a sua leitura. Em uma utilização ciosa do Saltério era inevitável que qualquer pessoa imaginosa e sonhadora tropeçasse com o Salmo 89[2]. Seja como for, a impressão geral que se manterá viva é a de que houve uma quebra do pacto. Sob o ponto de vista cronológico é possível que o autor do livro de Jó tenha sido influenciado por esse tema.

579   O livro de Jó coloca o homem justo e fiel, mas golpeado por Deus, em um palco visível a longa distância, onde ele expõe a sua cau-

---

2. O Sl 89 é considerado como um cântico coletivo; atribuído a Davi, foi composto porém durante o exílio.

sa aos olhos e ouvidos do mundo: com espantosa facilidade e sem nenhum motivo Javé deixou-se influir por um de seus filhos, por um de seus *pensamentos de dúvida*[3], mostrando-se inseguro em relação à fidelidade de Jó. Dado o seu caráter sensível e a sua desconfiança, a simples possibilidade de uma dúvida o deixou agitado e o induziu àquele estranho comportamento de que já dera prova no paraíso, ou seja, àquele modo de agir equívoco que consiste em um sim e em um não: chamara a atenção dos primeiros pais para a árvore do bem e do mal, mas lhes proibira, ao mesmo tempo, de comer dela. Com isto deu ocasião à queda original. E eis que agora o fiel servo Jó deve ser submetido sem motivo e sem finalidade a uma dura prova moral, embora Javé esteja convencido da sua fidelidade e paciência, e esteja, além disso, conforme dá a entender, absolutamente seguro a este respeito, graças à sua onisciência, no caso de vir a consultá-la. Mas por que, apesar de tudo, aceitar uma aposta gratuita com o insinuador sem escrúpulos, às escondidas, e à custa de uma criatura desamparada? Na verdade, não é um espetáculo dignificante ver com que rapidez Javé abandona seu fiel servo ao espírito mau e com que despreocupação e falta de comiseração o deixa cair no abismo do sofrimento físico e moral. Do ponto de vista humano, o comportamento de Deus é tão revoltante que nos vemos obrigados a perguntar se por trás de tudo isto não há um motivo profundo. Será que Javé não alimenta uma certa prevenção oculta contra Jó? Isto talvez explicasse seu recuo perante Satanás. Mas o que o homem possui que Deus também não tenha? Como já indicamos acima, por causa de sua pequenez, debilidade e impotência diante do todo-poderoso, Jó tem uma consciência aguda, decorrente de sua capacidade de autorreflexão: para poder subsistir, ele precisa manter-se sempre consciente de sua impotência em face do Deus Onipotente. Este último não precisa precaver-se do mesmo modo, porque não depara em parte alguma com aquele obstáculo insuperável que poderia levá-lo à hesitação e, consequentemente, também à autorreflexão. Terá Javé concebido a sus-

---

[3]. Satanás talvez seja um dos olhos de Deus que "perambula sem rumo certo pela terra" (Jó 1,7). Na tradição persa, Ahriman nasceu de um pensamento de dúvida de Ahuramazda.

peita de que o homem possui uma luz infinitamente pequena, mas não obstante mais concentrada do que a dele? Um ciúme desta natureza talvez explicasse o comportamento de Javé. Seria então compreensível que uma tal divergência, apenas suposta mas não concretizada em relação à definição de uma simples criatura, provocasse a desconfiança divina. Na verdade, os homens já se haviam comportado muitas vezes de um modo inesperado. Afinal de contas, o próprio Jó, apesar de toda a sua fidelidade, poderia estar tramando alguma coisa... daí se explicaria a presteza surpreendente com que Javé cede às insinuações de Satanás, mesmo contra sua própria convicção.

580 Jó é imediatamente privado de seus rebanhos, de seus servos, e seus filhos e filhas são golpeados pela morte; e ele mesmo é atacado pela enfermidade que o leva à beira do túmulo. Para privá-lo também de sua tranquilidade, até sua mulher e seus bons amigos, que nada dizem de acertado, são atiçados contra ele. Sua justa queixa não encontra eco junto ao juiz que é justamente louvado por ser justo. O direito lhe é recusado, para que satanás seja estorvado em seu jogo.

581 Necessário é explicar por que se acumulam aqui fatos obscuros em tão curto intervalo de tempo: roubos, assassinatos, ferimentos corporais infligidos de propósito e recusa de direitos próprios. Para dificultar ainda mais, constata-se que Javé não manifesta qualquer escrúpulo, arrependimento ou compaixão, mas somente falta de consideração e uma natureza cruel. Não adianta apelar para a falta de consciência, pois sabe-se que Ele violou flagrantemente pelo menos três dos mandamentos que Ele mesmo promulgara no Sinai.

582 Para aumentar o tormento de Jó, seus amigos lhe infligem torturas morais, e ao invés de amparem pelo menos com o calor do coração aquele que Deus abandonara deslealmente, dão-lhe lições de moral, de um modo demasiado humano, o que equivale a dizer de maneira estúpida, e o privam dos últimos auxílios da participação e compreensão humanas, sem que se possa afastar de todo a suspeita de conivência da parte de Deus.

583 Não se vê claramente por que o sofrimento de Jó e o jogo da aposta divina cessam abruptamente. O sofrimento absurdo de Jó poderia continuar enquanto ele vivesse. Mas não devemos perder de vista o pano de fundo deste acontecimento: não me parece impossí-

vel que algo tenha surgido pouco a pouco neste pano de fundo, ou seja, uma compensação do sofrimento infligido imerecidamente e que não podia deixar Javé indiferente, mesmo que só o pressentisse de longe. E então aquele que fora torturado imerecidamente foi elevado imperceptivelmente, e sem disto se dar conta, a uma superioridade de conhecimento de Deus que o próprio Deus não tinha. Se Javé tivesse auscultado sua consciência, Jó não teria levado vantagem sobre ele. Mas, neste caso, não teriam acontecido muitas outras coisas.

Jó conhece a antinomia interior de Javé e este seu conhecimento alcança a numinosidade divina. A possibilidade de uma tal evolução reside, presumivelmente, na semelhança a Deus que dificilmente se pode procurar na morfologia humana. O próprio Javé preveniu este erro, proibindo que se fabricassem imagens de qualquer espécie. Não deixando dissuadir-se da ideia de apresentar o seu caso a Deus, mesmo sem a esperança de ser atendido, Jó se posta diante dele, e deste modo cria aqueles obstáculos através dos quais deve manifestar-se a natureza de Javé. Neste ponto culminante do drama, Javé interrompe o jogo cruel. Mas ficaria profundamente desapontado quem pensasse que Javé voltaria sua ira contra o caluniador. Javé não pensa em chamar à responsabilidade o filho pelo qual se deixou persuadir, nem lhe ocorre a ideia de dar a Jó pelo menos uma certa satisfação moral, além da explicação de seu comportamento. Ao invés disto, aparece com sua onipotência em meio à tempestade e invectiva o verme humano semiesmagado, com acusações:

"Quem é esse aí que obscurece o meu desígnio com discursos destituídos de inteligência?"[4]

Diante dos discursos subsequentes de Javé, perguntamo-nos quem é, na verdade, que obscurece aqui o desígnio e em que consiste esse desígnio. Obscuro é o problema de saber como é que Deus pôde fazer uma aposta com Satanás. Jó, por certo, não obscureceu coisa alguma neste contexto, e muito menos um desígnio, pois antes nunca se falou dele e nem se falará posteriormente. Não existe na aposta, tanto quanto é possível ver, desígnio algum; seria preciso que o pró-

---

4. Jó 38,2.

prio Javé provocasse Satanás, para que Jó afinal fosse exaltado. Naturalmente esta evolução está prevista na própria onisciência e é possível que o termo "desígnio" esteja se referindo a este conhecimento absoluto e eterno. Se assim for, a atitude de Javé parece ainda mais incoerente e incompreensível, desde que Ele poderia muito bem ter esclarecido Jó a este respeito, o que seria justo e equitativo, em vista da injustiça que lhe fora infligida. Por isso, forçoso é considerar esta impossibilidade como de todo improvável.

586 Quais os discursos destituídos de inteligência? Provavelmente Javé não está se referindo aos discursos dos amigos, mas censurando Jó. Em que consiste, porém, a culpa deste último? O único ponto que se lhe poderia censurar é o otimismo com que julga poder apelar para a justiça divina. Mas isto, na realidade, faz com que ele não tenha razão, como se vê pelos discursos posteriores de Javé, Deus não quer absolutamente passar por justo, mas impõe o seu poder que ultrapassa o direito. E é isto que Jó não quer compreender, porque considera Deus um ser moral. Nunca duvidou, por exemplo, da onipotência de Deus, mas, muitíssimo ao contrário, confiou também no seu caráter justo. Entretanto, ele mesmo já se retratou deste engano, ao reconhecer a natureza antinômica de Deus, e com isto conferiu o devido lugar à justiça e bondade divinas. Parece que aqui não se trata de uma falta de inteligência.

587 Por isso a resposta que se deve dar à pergunta de Javé é que Ele mesmo é quem obscurece o próprio desígnio e não possui inteligência. Ele inverte, por assim dizer, os termos da argumentação e acusa Jó daquilo que Ele próprio está fazendo: sustentar uma opinião a este respeito, o que Ele não permite ao homem, e particularmente de ter uma inteligência que Ele próprio não possui. Ao longo de 71 versículos Ele proclama o seu poder de Criador do mundo à sua vítima desgraçada que jaz sentada na cinza, raspando as úlceras, convencida há muito tempo, no mais íntimo de seu ser, de que foi submetida a um ato de violência sobre-humana. Não há, absolutamente, necessidade de Jó ser impressionado de novo por este poder, até a exaustão. Com sua onisciência Javé poderia muito bem verificar quão inadequada é a sua tentativa de abalar o ânimo de Jó em uma situação como esta. Ele poderia muito bem perceber que Jó acreditou e acredita na sua onipotência e que não a pôs em dúvida, mesmo quando Javé se lhe

tornou infiel. É tão pouca sua consideração para com a realidade de Jó, que parece justificada sua suspeita de que tem para tudo isso um motivo da maior importância: Jó constitui apenas a ocasião para um confronto intradivino. Javé fala de tal modo, sem levar Jó em consideração, que não é difícil perceber o quanto Ele se preocupa consigo mesmo. A ênfase colocada em sua onipotência e grandeza não tem sentido algum aos olhos de Jó, o qual não é preciso convencer, e só será compreensível em relação a um ouvinte *que dela duvidar*. Este pensamento de dúvida é Satanás que, após realizar a sua obra perversa, retorna ao regaço paterno, para daí continuar o seu trabalho de sapa. Javé deve evidentemente ter percebido que a fidelidade de Jó foi inabalável e que Satanás perdeu a aposta. Também deve ter percebido que, ao aceitar a aposta, estava fazendo tudo para levar seu servo à infidelidade, até mesmo com o risco de cometer uma série de delitos. Mas não foi o arrependimento (para não falarmos dos horrores morais) que o fez, por exemplo, tomar consciência desta situação, mas um obscuro pressentimento de alguma coisa que colocaria em dúvida a sua onipotência (sob este aspecto, verifica-se uma sensibilidade toda particular, pois o "poder" constitui o pretexto mais importante). Mas na onisciência está presente a consciência de que com o poder nada se justifica. Este pressentimento se refere ao fato sumamente doloroso de que Javé se deixou aliciar por Satanás. Mas Ele não percebe plenamente sua situação de fraqueza, pois trata Satanás com tolerância e deferência desusadas, fechando os olhos para as intrigas dele contra Jó.

No decorrer da alocução, Jó notou, para a sua felicidade, que se tratava de tudo, menos de seus direitos. Percebeu que desde então era absolutamente impossível debater a questão de seus direitos, pois era evidente que Javé não tinha qualquer preocupação pelos problemas de Jó, mas estava voltado apenas para seus próprios interesses. Satanás deve desaparecer de qualquer modo, e para que isto aconteça nada melhor do que fazer com que Jó se torne suspeito de alimentar disposições revolucionárias. Com isto se desvia o problema para um novo rumo e o incidente com Satanás passa inadvertido. O espectador não chega a ver claramente a razão pela qual a exibição da onipotência divina a Jó deva ser feita em meio a trovões e relâmpagos. Mas esta exibição é em si grandiosa e suficientemente impressionante para convencer não só um público mais vasto, mas, em primeiro lugar, o próprio Javé, quanto ao seu poder intocável. Não sabemos, é verdade, se Jó suspeita de que Javé, agindo assim, está cometendo um ato de violência contra a sua própria onisciência, mas o seu silêncio e a sua submissão deixam em aberto várias possibilidades. Por isso, Jó não terá outra saída melhor senão a de renunciar imediatamente às suas pretensões de justiça sob todas as formas, e esta é a razão pela qual ele responde com as palavras que citamos no início desta obra: "Porei minha mão sobre a boca".

589   Ele não revela o mínimo traço de uma *reservatio mentalis* (restrição mental). Sua resposta não deixa dúvida alguma de que sucumbiu inteiramente e de modo muito natural à poderosa impressão que lhe causou a demonstração de Deus. Com isto, o mais exigente dos tiranos ter-se-ia dado por satisfeito e poderia ter plena certeza de que seu servo não se aventuraria a alimentar por mais tempo (apenas por medo, não falando mais de sua lealdade a toda prova) sequer uma *única* ideia desacertada.

590   Estranho é que Javé não se dá conta de tudo isto. Simplesmente não toma conhecimento de Jó e sua situação. A impressão que nos fica é a de que Ele tem diante de si um poderoso alguém que vale a pena desafiar, e não o pobre Jó. É isto o que se vê na segunda parte da invocação:

> "Cinge-te os rins como um homem;
> Vou interrogar-te e tu me instruirás"[5].

591   Talvez fosse preciso escolher exemplos grotescos para explicar a dessemelhança de situações entre os dois adversários. Javé percebe em Jó alguma coisa que dificilmente atribuiríamos a este último, mas antes ao próprio Javé, ou seja, uma força igual, e isto o leva a expor todo o aparato de seu poder aos olhos do adversário, numa parada grandiosa. Javé projeta sobre Jó um rosto de cético de que Ele próprio não gosta, porque é seu próprio rosto que Ele contempla com um olhar sinistramente crítico. Ele o teme porque só se mobiliza a força, o poder, a coragem, a invencibilidade etc., contra algo que provoca o medo. Que tem Jó a ver com isto? Que vantagem tem o forte em assustar um rato?

---

5. Jó 38,3.

Javé não pode contentar-se com o primeiro "round" vitorioso. Jó 592
se acha prostrado no chão há muito tempo, mas o seu grande rival,
cujo fantasma se projeta sobre o pobre e desgraçado sofredor, continua ameaçadoramente de pé. Por isso Javé retoma as suas divagações:

> "Queres tu aniquilar a minha justiça,
> condenar-me, para assegurares o teu direito?
> Tens um braço semelhante ao de Deus?
> Tens uma voz trovejante como a dele?"[6]

Para Javé, o indivíduo desprotegido e privado de seus direitos, e 593
cuja nulidade lhe é exposta a cada momento, parece evidentemente
tão perigoso, que deve ser alvejado com uma artilharia mais pesada.
Aquilo que o irrita, se revela em seu desafio ao pretenso Jó:

> "Com o teu olhar humilde todo altivo
> esmaga os ímpios no mesmo lugar onde se encontrem.
> Submerge-os todos juntos no pó da terra,
> amordaça a sua face num lugar escondido.
> Então eu também te louvarei,
> pois a tua destra te conquistou a vitória"[7].

Jó é desafiado, como se ele próprio fosse um deus. Mas na metafí- 594
sica de outrora não havia um δεύτερος θεός (um segundo deus), um
Outro, a não ser Satanás, que possui o ouvido de Javé e é capaz de influenciá-lo. Satanás é o único que pode retirar o solo debaixo de seus pés,
de ofuscá-lo e levá-lo a uma dose maciça de pecados contra a lei penal
promulgada por Ele mesmo. Na realidade, um formidável contendor e
de tal modo comprometedor, em razão de seu estreito parentesco, que é
preciso dissimulá-lo com o máximo de discrição. Na verdade, ele se vê
obrigado a ocultá-lo da própria consciência, no seu seio, e em lugar dele
coloca o pobre servidor de Deus como espantalho a ser combatido, esperando assim poder "amordaçar sua face" temida "num lugar escondido", para manter-se a si mesmo em estado de inconsciência.

A preparação do duelo imaginário, os discursos proferidos nessa 595
ocasião e a impressionante exibição do bestiário primitivo estariam

---

6. Jó 40,3s.
7. Jó 40,7-9.

suficientemente explicados, se quiséssemos ligá-los ao fator meramente negativo do receio de uma tomada de consciência e das consequências da relativização que a acompanha. Mas, ao invés disto, o conflito torna-se agudo para Javé, em virtude da presença de um *fato novo* que, entretanto, não passou despercebido à sua onisciência. Em tal caso, porém, o conhecimento não foi seguido de uma conclusão. O fato novo em questão se relaciona com o caso desconhecido na história universal dessa época e consiste em ser um mortal exaltado, por causa de seu comportamento, sem disto ter conhecimento, acima dos astros, a partir de onde pode contemplar inclusive o dorso de Javé, ou seja, o mundo abissal das "cascas"[8].

596 Tem Jó consciência do que vê? Ele é bastante sábio e esperto, para denunciá-lo. Mas a partir de suas palavras pode-se perfeitamente supô-lo:

> "Reconheço que podes tudo;
> nada do que concebes te é impedido de realizares"[9].

597 De fato, Javé tudo pode e se permite, sem pestanejar um momento. Ele é capaz de projetar, com impassibilidade férrea, o seu próprio lado sombrio e permanecer inconsciente disto, à custa do ser humano. É capaz de apelar para o seu poder supremo e promulgar leis que para ele significam menos do que o ar. Os assassínios, os morticínios não lhe causam preocupação, e quando lhe dá na veneta é capaz igualmente de, qual um senhor feudal, ressarcir generosamente os danos provocados pelas suas caçadas nos campos de cereais dos servos: "Perdeste os teus filhos, as tuas filhas e os teus escravos? Não há de ser nada; eu te darei outros em troca, e melhores do que os primeiros".

---

8. Aqui se faz alusão a uma representação da Cabala. (Estas "cascas" constituem os dez polos opostos das dez sefiroth, as dez etapas da revelação do poder criador de Deus. Originariamente, as cascas, que representam as potências más e tenebrosas, estavam misturadas com a luz das sefiroth. O *Sohar* descreve o mal como um produto resultante do processo vital das sefiroth. Daí a razão pela qual as sefiroth deviam ser purificadas da mistura má das cascas. A eliminação das cascas se fazia durante a "quebra dos recipientes", como se acha descrito nas obras da Cabala (principalmente nas de autoria de Luria e sua escola). Desta maneira as forças do mal adquiriam uma existência autônoma e real (cf. SCHOLEM, G. *Die jüdische Mystik in ihren Hauptströmungen*. Zurique: [s.e.], 1957, p. 293).

9. Jó 42,2.

Jó prossegue o seu discurso (talvez de olhos baixos e voz sumida): 598
"Quem seria este que obscurece o desígnio sem inteligência?
Falei, pois, de coisas que não entendia,
De maravilhas que ultrapassam minha compreensão.
Escuta-me, que vou te falar;
interrogar-te-ei, e tu me responderás.
Conhecia-te só por ouvir dizer,
Mas agora meus olhos te viram.
Por isso retrato-me e faço penitência
no pó e na cinza"[10].

É numa atitude de prudência que Jó acolhe aqui as palavras 599 agressivas de Javé e se coloca sob seus pés, como se fosse realmente o adversário vencido. Embora pareça claro, o seu discurso comporta um duplo sentido. Na verdade, ele aprendeu bem sua lição e viu "maravilhas" muito difíceis de entender. De fato, ele conhecia Javé "por ouvir dizer", mas agora sente de perto a sua realidade, muito mais do que Davi, ensinamento este verdadeiramente penetrante e que é melhor não esquecer. Outrora ele fora ingênuo, chegando inclusive a sonhar com um "bom" Deus ou um senhor benevolente e justo; pensara que uma "aliança" constituía uma questão de direito e que um dos parceiros do pacto podia insistir num direito seu; pensara que Deus era veraz e fiel, ou pelo menos justo, e que, como se pode deduzir do Decálogo de algum modo, reconhecia certos valores éticos, ou se achava comprometido com sua própria concepção do direito. Mas com espanto viu que Javé não só não é um homem, como também, em certo sentido, é menos do que um homem, ou seja, aquilo que Javé diz a respeito do crocodilo:

"Mesmo os mais altivos temem diante dele;
é rei de todos os animais orgulhosos"[11].

A inconsciência é de caráter animalesco e natural. Como todos 600 os deuses da antiguidade, também Javé possui o seu simbolismo animal, inegavelmente inspirado nas figuras teriomórficas muito mais

---

10. Jó 42,3-6.
11. Jó 41,25.

antigas dos deuses egípcios, e em particular de Horus e seus quatro filhos. Dos quatro *animalia* (seres animados) de Javé, somente um tem aspecto humano. E este talvez seja Satanás, o padrinho do homem animal. Na visão de Ezequiel, o deus animal possui três quartos de animal e somente um quarto de homem, ao passo que o deus "de cima", isto é, aquele que está sobre o disco de safira, tem semblante de homem[12]. Este simbolismo explica o comportamento (humanamente) intolerável de Javé. É a forma de proceder de um ser que prefere manter-se inconsciente, e que não podemos julgar sob o ponto de vista moral: Javé é um *fenômeno* e "não um homem"[13].

601   Poderíamos sem muita dificuldade supor um tal sentido no discurso de Jó. Seja como for, Javé terminou por se tranquilizar. A medida terapêutica de aceitar a situação sem resistência mostrou-se mais uma vez válida. Mas mesmo assim Javé ainda parece irritado com os amigos de Jó, pois eles "não conseguiram falar corretamente dele"[14]. A projeção do cético portanto se estende (cosmicamente, seria o caso de dizer) também a estes homens honrados e um pouco filisteus, como se o que eles pensam tivesse alguma ligação com isto. Mas o fato de os homens poderem pensar, e pensar acima de tudo a respeito dele, Javé, é algo de secretamente inquietante e por isso é preciso impedi-lo a todo custo. Mas é parecido com aquilo que o seu filho perambulante causa, muitas vezes de maneira inopinada, e toca profundamente o seu ponto fraco. Quantas vezes Ele teve de arrepender-se por causa de seus ímpetos de superioridade!

602   É quase impossível fugir à impressão de que a onisciência de Javé se aproxima de uma percepção interior da realidade e de que paira no

---

12. Ez 1,25s.

13. Jó 9,32. A hipótese ingênua segundo a qual o "creator mundi" [o Criador do mundo] é uma entidade consciente deve ser vista como um preconceito de graves consequências, por ter dado ocasião, posteriormente, a distorções lógicas as mais incríveis. Por isso parece-me que não haveria a necessidade do absurdo da *privatio boni*, se não fosse preciso admitir que a natureza consciente de um deus bom é incapaz de praticar ações más. A natureza inconsciente e irreflexa de Deus permite, pelo contrário, adotar um ponto de vista que subtrai o agir de Deus ao julgamento moral e impede que surja um conflito entre a sua bondade e seu caráter temível.

14. Jó 42,7.

ar a ameaça de uma compreensão, acompanhada de temores de autoaniquilamento. Mas a explicação final de Jó se acha, afortunadamente, expressa de tal modo, que se pode sustentar com bastante segurança estar o incidente entre os dois parceiros definitivamente superado.

Mas nós que formamos o coro que comenta a grande tragédia, que não perdeu ainda a sua atualidade, não temos esta mesma impressão. À luz do nosso moderno modo de sentir, não parece que a prostração profunda de Jó diante da onipotência divina, juntamente com o seu silêncio prudente, constitua uma resposta adequada ao problema suscitado pelo golpe de Satanás em relação à aposta divina. A atitude de Jó consiste menos em responder do que em reagir concordemente com as circunstâncias, dando assim mostras de notável controle sobre si mesmo. Mas sua resposta não se define com clareza. 603

O que acontece com a injustiça moral sofrida por Jó (para mencionarmos o que nos toca mais de perto)? Ou o homem é tão miserável aos olhos de Javé, que não lhe pode ser feito sequer um "tort moral"? Isto estaria em contradição com o fato de que o homem é cobiçado por Javé e de que este se preocupa abertamente com que o homem "fale corretamente dele". Ele preza muito a lealdade de Jó e lhe dá tanta importância, que nada o impede de levar avante o seu teste. Esta atitude de Javé faz com que o homem assuma um valor quase divino, pois existirá no vasto mundo algo que tenha ainda algum significado para aquele que tudo possui? A atitude ambígua de Javé que, de um lado, esmaga a vida e a felicidade do ser humano, sem a mínima consideração, e, de outro, é forçado a ter o homem como seu parceiro, coloca-o numa situação simplesmente insustentável: Javé se comporta, de um lado, de maneira irracional, segundo o modelo das catástrofes da natureza e de fatos imprevisíveis da mesma ordem, e de outro, quer ser amado, honrado, adorado e louvado como justo. Reage sentimentalmente a qualquer palavrinha que dê a impressão, por pouco que seja, de conter alguma crítica, mas quase não se preocupa com seu próprio código moral, quando seu modo de agir se choca com alguns de seus parágrafos. 604

É somente com temor e tremor que um ser humano pode submeter-se ao jogo de um deus desta espécie e só com doses maciças de louvor e de obediência ostensiva poderá tentar propiciar o Senhor absoluto. Mas a relação de confiança parece de todo excluída aos 605 olhos da sensibilidade moderna. Não se pode esperar uma *satisfação moral* da parte de um ser natural tão inconsciente, mas ela aconteceu a Jó, embora fosse estranha à intenção de Javé e talvez tenha acontecido sem que Jó dela se apercebesse, como o autor do poema parece querer indicar. Os discursos de Javé têm um objetivo não reflexo, embora transparente, qual seja o de exibir aos olhos do homem a prepotência brutal do demiurgo: "É assim que eu sou o Criador de todas as forças invencíveis e pérfidas da natureza, que não estão submetidas a nenhuma lei moral; eu mesmo sou uma potência natural amoral, uma personalidade puramente fenomenal, incapaz de ver as próprias costas".

606   Isto constitui, ou pelo menos poderia constituir, uma satisfacão moral de grande estilo para Jó, pois tal explicação eleva o homem à condição de juiz da divindade, apesar de sua impotência. Não sabemos se Jó tomou consciência deste fato. Mas sabemos, positivamente, através de muitos e muitos comentários sobre Jó, que todos os séculos subsequentes viram que há uma Μοῖρα (destino) ou Δίχη (justiça) que domina Javé e faz com que Ele abdique de si mesmo em igual proporção. Quem prestar atenção, perceberá que Ele involutariamente exalta Jó, ao humilhá-lo no pó da terra: Ele enuncia seu próprio julgamento, dando ao homem aquela satisfação cuja falta sempre sentimos agudamente no livro de Jó.

607   O autor deste drama deu provas de magistral discrição, fazendo baixar a cortina precisamente no momento em que seu herói manifesta, ao prostrar-se diante da majestade divina, o reconhecimento irrestrito da ἀπόφασις μεγάλη do demiurgo. *Não há margem para nenhuma outra impressão que não esta.* Muitas são as coisas, com efeito, que estão em jogo. Paira no ar a ameaça de um escândalo de proporções descomunais de ordem metafísica, de que resultarão consequências provavelmente devastadoras e diante de tal fórmula ninguém está em condições de preservar de uma catástrofe o conceito monoteísta de Deus. A compreensão crítica de um grego poderia facilmente ter-se aproveitado e explorado, já naquela época[15], essa

---

15. Cf. JUNG, C.G. *Das Wandlungssymbol in der Messe* (O símbolo da transformação na missa). § 350s. deste volume; e *Aion*. Untersuchungen zur Symbolgeschichte. Zurique: Rascher, 1951, p. 114s.

nova aquisição biográfica em favor de Javé (o que de fato ocorreu, mas somente mais tarde) para garantir-lhe um destino, como se fez em relação aos deuses gregos. Mas era simplesmente impossível uma relativização, tanto naquela época, como nos primeiros séculos que se seguiram.

O espírito inconsciente percebe corretamente, mesmo que a razão esteja obscurecida e incapacitada de agir, que o drama se consumou por toda a eternidade; que a dupla natureza de Javé se manifestou, e que alguma coisa ou alguém a viu e registrou. Uma revelação desta espécie, quer o homem tenha tomado ou não consciência dela, não poderia deixar de ter suas consequências.

III

Antes de tentarmos saber como se desenvolveu o núcleo da inquietação que começava a se esboçar, voltemos nosso olhar para a época em que o livro de Jó foi escrito. Infelizmente não há certeza quanto à sua data precisa. Admite-se que tenha sido entre 600 e 300 a.C. e, portanto, não muito afastado cronologicamente dos assim denominados Provérbios de Salomão (séculos IV-III)[1]. Nestes últimos encontramos um indício da influência grega que, se porventura começou mais cedo, atingiu a região judaica através da Ásia Menor, e se mais tarde, através de Alexandria. Refiro-me à ideia da Σοφία ou Sapientia Dei, uma espécie de *pneuma* coeterno, *de natureza feminina*, mais ou menos hipostasiado e preexistente à criação:

> "O Senhor me criou, como primícia de suas ações,
> como princípio de suas obras, antes dos tempos mais antigos.
> Desde a eternidade fui constituída,
> desde o começo, antes da origem do mundo.
> Quando ainda não havia os mares eu fui concebida,
> e ainda não existiam as fontes carregadas de água.
> ....
> Quando ele fixava os céus, eu estava lá,
> ....

---

1. Pr 8,22-31.

>   quando assentava os fundamentos da terra,
>   eu estava lá, como predileta a seu lado,
>   era toda encantamento dia após dia,
>   brincando todo o tempo na sua presença,
>   brincando sobre o globo de sua terra,
>   achando minhas delícias estar junto aos filhos dos homens".

610   Esta Sofia, que já participa dos atributos essenciais do Logos joaneu, relaciona-se, de um lado, com a Hohma da literatura sapiencial hebraica, mas, de outro lado, supera-a de tal modo, que é impossível não pensar na Shakti hindu. De fato, naquele tempo (época dos Ptolomeus) havia relações com a Índia. Outra fonte da sabedoria é a coletânea de provérbios da autoria de Jesus, filho de Sirac (composta por volta de 200 a.C.). A sabedoria diz, falando de si própria:

>   *"Saí da boca do Altíssimo*
>   e como a névoa cobri a terra.
>   Tive minha morada nas alturas,
>   e meu trono estava sobre uma coluna de nuvens.
>   Sozinha percorri o círculo do céu
>   e passeei nas profundezas das águas.
>   Andei sobre as ondas do mar e sobre os fundamentos da terra.
>   Exerci o meu império sobre todos os povos e nações.
>   ....
>   Antes de todos os séculos, desde o princípio ele me criou,
>   e até a eternidade não cessarei de existir.
>   Exerci o ministério diante dele, no santo tabernáculo,
>   e foi assim que tive uma morada firme em Sião.
>   *Repousei na cidade que ele ama tanto quanto a mim,*
>   e em Jerusalém exerci o meu poder.
>   ....
>
>   Lancei-me às alturas como um cedro sobre o Líbano,
>   como um cipreste sobre a montanha do Hermon;
>   cresci como uma palmeira de Engadi
>   e como os roseirais de Jericó,
>   como uma oliveira magnífica na planície,
>   e me elevei como um plátano à beira das águas.
>   Exalei perfume como a canela e o bálsamo odorífero,
>   e como uma mirra escolhida espalhei suave odor.
>   ....

Estendi minhas raízes como um terebinto,
e meus ramos eram ramos de esplendor e de graça;
como uma videira produzi graciosos brotos,
e minhas flores eram flores de beleza e de riqueza.
Eu sou a mãe do puro amor,
do temor, do conhecimento e da esperança;
eu sou dada a todos os meus filhos,
mas como (dom) eterno somente aos que foram escolhidos
por Deus"[2].

Vale a pena examinar mais detidamente este texto. A Sabedoria se apresenta como *Logos*, como palavra de Deus. Na sua qualidade de "ruah", de espírito de Deus, ela incubou as profundezas do abismo, no início da criação. À semelhança de Deus, ela tem também o seu trono no céu. Enquanto pneuma cosmológico, ela penetra o céu e a terra e tudo quanto foi criado. O *Logos* do Evangelho de João é, por assim dizer, o seu equivalente. Veremos mais adiante o quanto é importante esta relação também do ponto de vista do seu conteúdo.

A Sabedoria é o nome feminino da "Metrópole" "par excellence", a cidade-mãe Jerusalém. É amante e mãe ao mesmo tempo, uma imagem de Ishtar, a deusa pagã das cidades. Isto é comprovado pela minuciosa comparação da Sabedoria com determinadas árvores tais como o cedro, a palmeira, o terebinto, a oliveira, o cipreste etc. Todas estas árvores são consideradas desde tempos imemoriais como símbolos da deusa-mãe e da deusa do amor. Junto ao seu altar, em lugar elevado, havia uma árvore sagrada. No Antigo Testamento, os carvalhos e terebintos são considerados como árvores oraculares. Deus ou um Anjo de Deus aparece nas árvores ou em suas proximidades. Davi consulta o oráculo da amoreira[3]. A árvore representa igualmente Tammuz (entre os babilônios), filho e amante, assim como Osíris, Adônis, Átis e Dioniso, os deuses da Ásia posterior que morrem prematuramente. Todos estes atributos simbólicos aparecem também no Cântico dos Cânticos, onde caracterizam ao mesmo tempo o Sponsus e a Sponsa. A vinha, a videira, a uva, a floração das vinhas desempenham um papel considerável nesse poema. O amado é

---

2. Sabedoria de Jesus, filho de Sirac. Eclo 24,3-18.
3. 2Sm 5,23s.

como uma macieira. Dos montes (lugares de culto da deusa-mãe) é que deve descer a bem-amada, bem como das tocas dos leões e dos leopardos[4]; seu "ventre forma um bosque de romãs com toda espécie de frutas deliciosas, com cipreste... nardo e açafrão, canela e cinamomo... mirras e aloés, justamente os bálsamos mais seletos"[5]. Suas mãos "destilam mirra"[6] (Adônis nasceu da mirra!). À semelhança do Espírito Santo, a sabedoria é dada a todos os eleitos de Deus. Este é um ponto em que, mais tarde, se apoiará a doutrina do Paráclito.

613   No livro da Sabedoria de Salomão, apócrifo de época bastante posterior (100-50 a.C.), a natureza pneumática da Sofia e seu caráter de plasmadora do universo se projetam de modo ainda mais claro como "maia". "E, de fato, a Sabedoria é um espírito amigo dos homens"[7], a "artífice de todas as coisas"[8]. "Existe nela um espírito santo intelectivo" (πνεῦμα νοετὸν ἅγιον), uma "exalação (ἀτμίς) do poder divino", um "eflúvio (ἀπόρροια) da glória do Todo-poderoso", um "resplendor da luz eterna, um reflexo da divina obra"[9], um ser constituído de matéria sutil, que tudo penetra com sua presença. Está em íntima união com o Deus (συμβίωσιν ἔχουσα), e o Senhor de todas as coisas (πάντων δεσπότης) a ama[10]. "Quem mais do que a Sabedoria é a artífice de todos os seres?"[11] É enviada do céu e do trono da glória como uma espécie de "Espírito Santo"[12]. Na qualidade de "Psicopompos" ela conduz as almas e lhes assegura a imortalidade[13].

614   O livro da Sabedoria é enfático em relação à justiça de Deus e não é sem uma intenção pragmática que se arrisca a pousar em um

---

4. Ct 4,8.
5. Ct 4,12-14.
6. Ct 5,5.
7. Sb 1,6 (LXX: Φιλάνθρωπον πνεῦμα σοφία. Cf. tb. 7,23).
8. Sb 7,22 (LXX: πάντων τεχνίτις).
9. Sb 7,22-26.
10. Sb 8, 3.
11. Sb 8,6.
12. Sb 9,10.17.
13. Sb 6,18; 8,13.

ramo tão frágil, quando afirma: "A justiça é imortal, mas os ímpios chamam a morte com os gestos e a voz"[14]. Mas eis o que dizem os ímpios e injustos:

"Oprimamos o justo pobre...
....
Que a nossa força seja o critério da justiça,
pois o que é fraco se demonstra inútil.
Armemos ciladas ao justo.
....
Ele nos acusa de transgredir a lei
e nos invectiva por causa de nossos desregramentos.
Gloria-se de possuir o conhecimento de Deus,
e se chama a si mesmo de servo do Senhor.
Tornou-se para nós uma censura aos nossos pensamentos.
Ponhamo-lo à prova com ultrajes e torturas,
a fim de conhecermos sua doçura
e experimentarmos sua paciência nos sofrimentos"[15].

Onde foi parar aquilo que líamos há pouco: "E o Senhor disse a satanás: Reparaste no meu servo Jó, que não há outro igual sobre a face da terra, um homem íntegro e reto, que teme a Deus e se afasta do mal. Persevera em sua integridade, apesar de me teres instigado contra ele, para aniquilá-lo sem motivo?"[16] "A Sabedoria vale mais do que a força", diz o Eclesiastes[17].

Certamente não por mera inadvertência nem por falta de consciência, mas por um motivo profundo, que o livro da Sabedoria toca aqui no ponto sensível do problema. E só poderíamos compreendê-lo se conseguíssemos descobrir qual é o tipo de relação que o livro de Jó mantém relativamente à mudança, cronologicamente bem próxima, advinda no *status* de Javé, ou seja, o aparecimento da Sofia. Não se trata absolutamente de uma reflexão histórico-literária, mas, pelo contrário, do destino de Javé presente na vida do homem. Sabe-

---

14. Sb 1,15.
15. Sb 2,10-19.
16. Jó 2,3.
17. Ecl 9,16.

mos pelas antigas Escrituras que o drama divino se passa entre Deus e seu povo, que lhe foi confiado como uma mulher, a Ele que é a *dynamis* (a força) divina e vela ciosamente pela sua felicidade. Um caso específico é Jó, cuja fidelidade se acha submetida a uma prova cruel. Como já lembramos anteriormente, Javé cede com espantosa facilidade às insinuações de satanás. Se confiasse inteiramente em Jó, nada mais lógico do que tomá-lo sob sua proteção, desmascarando o caluniador malévolo e fazendo-o pagar duramente pela difamação do fiel servidor de Deus. Mas Javé não pensa em nada disto, nem sequer depois de ter sido comprovada a inocência de Jó. Não se ouve uma palavra de censura ou de desaprovação ao procedimento de satanás. Diante disto, é impossível não duvidar da conivência de Javé. Sua disposição em abandonar Jó à ação criminosa de satanás revela que Ele duvida de Jó, justamente por sua tendência de projetar a própria infidelidade em um bode-expiatório. Suspeita-se, com efeito, que Ele se prepara para afrouxar os laços matrimoniais com Israel, mas dissimulando a si mesmo tal intenção. A infidelidade que Ele pressente, não sabe bem onde, o leva a descobrir o infiel com a ajuda de satanás, e o descobre justamente na pessoa mais fiel dentre os fiéis que é então submetido a uma provação dolorosa. Javé nem sequer tem mais certeza de sua própria fidelidade.

617   Nessa mesma ocasião, ou um pouco mais tarde, torna-se notório o que acaba de acontecer: Ele se recorda de um ser feminino que não lhe é menos agradável do que aos homens, amiga e companheira desde tempos imemoriais, primogênita de toda a criação, resplendor sem mácula de sua glória desde toda a eternidade e artífice da obra da criação; ela é muito mais próxima e íntima ao seu coração do que os descendentes tardios do Protoplastes (o homem primordial), criados numa fase posterior e marcada com o selo da imagem de Deus. Parece que o fundamento da anamnese desta Sofia é uma *dira necessitas* (uma necessidade implacável): as coisas não podiam continuar como até então; o próprio Deus "justo" não podia mais cometer injustiças e "Aquele que tudo sabe" não podia mais se comprometer com um homem inconsciente e despreocupado. A autorreflexão torna-se uma necessidade imperiosa, e para isto precisa da Sabedoria. Javé é forçado a lembrar-se de que é portador de uma natureza absoluta, pois se Jó conhece a Deus, este também deve conhecer-se a si mesmo. Era

impossível que a dupla natureza de Deus se tornasse notória a todo mundo e só ficasse oculta a Ele mesmo. Quem conhece a Deus age sobre Ele. A fracassada tentativa de arruinar Jó provocou uma transformação em Deus.

Partindo das alusões contidas na Sagrada Escritura, procuraremos agora reconstituir aquilo que se seguiu a esta transformação de Deus. Para isto, devemos retornar ao início do Gênesis, ou mais precisamente ao homem primitivo *ante lapsum* (antes da queda). Este, na sua qualidade de Adão e com a ajuda do Criador, produziu Eva de seu próprio lado, como sua equivalente feminina, do mesmo modo que o Criador formara o Adão hermafrodita da matéria-prima primordial, e juntamente com ele a parte da humanidade portadora da semelhança com Deus, que é Israel[18]. Numa espécie de correspondência, estava determinado que o primeiro filho de Adão fosse criminoso e homicida na presença do Senhor (à semelhança de Satanás), repetindo-se, aqui na terra, o prólogo que já se realizara no céu. Não é difícil imaginar que aqui reside a razão profunda pela qual Javé proporciona proteção especial a Caim; afinal de contas, ele nada mais é do que uma cópia fiel de Satanás em escala reduzida. Mas nada se diz em relação a um modelo para Abel, prematuramente desaparecido, que Deus preferia a Caim, o agricultor progressista, provavelmente instruído por um anjo de Satanás. Talvez se tratasse de um outro filho de Deus, de natureza mais conservadora do que Satanás, não um andarilho partidário de ideias novas e tenebrosas, mas alguém ligado ao Pai por um amor filial, sem alimentar outras ideias senão as paternas, e sem sair do círculo íntimo da economia celeste. Daí talvez a razão de que sua ideia terrestre – Abel – não demorasse em "escapar deste mundo perverso" (para usarmos a linguagem do livro da Sabedoria) voltando para o Pai, ao passo que Caim teria de provar ao longo de sua existência terrena a maldição provocada, de um lado por seu caráter progressista, e de outro, por sua inferioridade.

Se o primeiro pai Adão traz a imagem do Criador, o seu filho Caim traz certamente a imagem do filho de Deus, Satanás, e por isso

---

18. (Quanto à parte da humanidade não marcada pela semelhança a Deus e que provavelmente se origina de antropoides da época anterior a Adão, cf. acima, § 576).

existem fundados motivos para admitirmos que o favorito de Deus, Abel, também tinha o seu equivalente ἐν ἱπτερουρανίῳ τόπῳ (num lugar supraceleste). Os primeiros incidentes graves ocorridos já de início em uma criação aparentemente bem-sucedida e satisfatória, ou seja, a queda original e o fratricídio nos põem de sobreaviso; lembramo-nos espontaneamente que a situação inicial, isto é, aquela em que o Espírito de Deus pousava sobre o abismo desolado, fecundando-o, dificilmente desembocaria num resultado plenamente satisfatório. O próprio Criador que achava boa a sua obra ao término de cada um dos dias, não elogiou a que realizara na segunda-feira. Nessa ocasião, ele não disse uma palavra, circunstância esta que proporciona um argumento *ex silentio*. Naquele dia as águas que estavam em cima foram separadas das águas que estavam embaixo por meio do firmamento, agora entre as duas. É claro que este dualismo não se harmoniza, não somente então, como também depois, com o conceito monoteísta, pois está ligado a uma cisão de caráter metafísico. Esta cisão, como no-lo ensina a História, sempre teve de ser conservada, dissimulada ou mesmo negada. Mas mesmo assim ela se impôs: no início, ainda no paraíso, quando o Criador, contrariando o seu plano de apresentar no último ato de sua obra o homem, como o mais inteligente dos seres e como o senhor da criação, comete a absurda incoerência de criar a serpente que se mostra muito mais sábia e consciente do que o homem e como que surgida antes dele. É difícil admitir que Javé tenha pregado uma peça desta natureza a si mesmo. O mais provável é que aí esteja a mão de seu filho Satanás. Este é embusteiro, um desmancha-prazeres, e se delicia em provocar incidentes desagradáveis. É verdade que Javé criara os répteis antes de Adão, mas tratava-se das serpentes comuns e as menos inteligentes dentre todos os animais. Satanás escolheu dentre elas uma serpente arbórea para dissimular-se atrás de sua figura. Desde então, espalhou-se o boato de que a serpente é o mais espiritual de todos os animais (τὸ πνευματιχώτατον ζῷον)[19]. Ela se converte repetidamente no símbolo mais popular do νοῦς (espírito, mente, inteligência), tornando-se objeto de veneração e podendo simbolizar inclusive o segundo Filho de

---

19. Opinião esta que se acha em Fílon de Alexandria.

Deus: este é concebido como o *Logos* redentor do mundo (frequentemente identificado com o nous). Uma saga surgida posteriormente afirmava que a serpente do paraíso era *Lilith,* a primeira mulher de Adão, com a qual ele gerou o exército dos demônios. Esta saga admitia também uma trapaça, que dificilmente estaria nos planos do Criador do mundo, pois a Sagrada Escritura só atribui uma mulher legítima a Adão. Estranho, porém, é o fato de que na tradição primitiva o homem, que constitui a imagem de Deus, também tenha duas mulheres, como o seu protótipo celeste. Dado que Deus se acha legitimamente ligado a sua esposa que é Israel, embora possuindo um pneuma feminino como companheira íntima, é fácil concluir que Adão teve uma primeira mulher, Lilith (a filha ou emanação de Satanás), correspondendo a uma Sofia satânica. Mas Eva corresponderia ao povo de Israel. Naturalmente não sabemos a razão pela qual só mais tarde se verificou que a "ruah Eloim", o "Espírito de Deus", não é somente de natureza feminina, como também possui uma existência mais ou menos autônoma ao lado de Deus, e que existia uma relação entre Javé e a Sofia bem antes de seu conúbio com Israel. Desconhecemos também o motivo pelo qual nas tradições mais antigas perdeu-se a lembrança desta primeira aliança. Aliás, somente muito mais tarde se fala de uma relação escabrosa entre Adão e Lilith. É totalmente impossível saber se Eva foi uma esposa incômoda para Adão, como o era para Javé o povo que vivia, por assim dizer, "flertando" com a infidelidade. De qualquer maneira, a vida de família dos primeiros pais não é feita somente de alegria: seus dois primeiros filhos representam o par de irmãos inimigos, pois nessa época ainda se realizavam os temas mitológicos. (Nos dias de hoje isto parece chocante, e quando tal ocorre, sua existência é negada). Os pais podem compartilhar o fator hereditário comprometedor: Adão deve lembrar-se unicamente de sua princesa demoníaca, e Eva não deve esquecer-se de que foi a primeira a ceder à tentação da serpente. O intermezzo Caim-Abel, do mesmo modo que a queda, quase não foi registrado na lista dos objetos perfeitos da criação. É lícito tirar esta conclusão, pois parece que o próprio Javé não foi informado previamente dos incidentes acima referidos. Disto se depreende, como ocorrerá mais tarde, a suspeita de que a onisciência de Javé não era concludente, ou seja, que Javé não se lembrara de seu saber universal e por isso fora surpreendido pelos resultados de sua obra. Podemos observar igualmente o mesmo fenômeno por parte do homem todas as vezes que ele não pode deixar de sentir e viver a própria emoção. Não podemos negar que um acesso de raiva ou uma onda de tristeza tem lá os seus encantos secretos. Se não fosse assim, a maioria dos homens já teria conquistado alguma sabedoria.

620   Partindo destes fatos, talvez consigamos compreender um pouco melhor o que aconteceu a Jó. No estado pleromático ou de Bardo[20] (como chamam os tibetanos), o que predomina é um jogo cósmico perfeito; mas com a criação, isto é, com a passagem do mundo para uma história distinta que se desenrola no tempo e no espaço, os acontecimentos começam a se atritar e a colidir uns com os outros. Acobertado e protegido pelas dobras do manto divino, Satanás coloca acentos corretos, e sob certos aspectos também errados, ora aqui, ora acolá, resultando disso complicações que aparentemente não estavam no plano do Criador e que, portanto, causam surpresas. Enquanto as criaturas inconscientes, como os animais irracionais, as plantas, os cristais funcionam satisfatoriamente (até onde nos é dado saber) há no homem alguma coisa que sempre vai mal. É verdade que no início sua consciência não era muito superior à dos animais, razão pela qual seu livre-arbítrio também se revela extremamente limitado. Mas Satanás se interessa por ele, experimenta-o e o induz a tornar-se independente, enquanto seus anjos lhe ensinam as ciências e as artes até então reservadas à perfeição do pleroma. (Naquela época Satanás já teria merecido o nome de "Lúcifer"!) As extravagâncias bizarras e imprevistas dos homens provocam os afetos de Javé, fazendo-o enredar-se na própria criação. As intervenções divinas se tornam imperiosamente necessárias. Mas todas elas infelizmente têm um êxito meramente passageiro, e nem mesmo o castigo draconiano do afogamento dos seres vivos (com exceção dos eleitos) e do qual, segundo o velho Johann Jakob Scheuchzer, nem mesmo os peixes escaparam (como o atestam os restos fósseis), teve efeito duradouro. A criação aparece infectada como sempre. Estranho é que Javé sempre procure as causas deste fracasso no homem que aparentemente não quer obede-

---

20. Cf. meu comentário ao *Bardo Thödol*. § 831 deste volume.

cer-lhe e jamais em seu filho, o pai de todos os enganos. Esta orientação errônea não faz senão exacerbar a sua natureza já de *per si* irritadiça, de modo que o temor de Deus se transforma em princípio entre os homens, e é considerado até mesmo como o início de toda a sabedoria. Enquanto os homens se preparam, sob esta severa disciplina, para expandir sua consciência graças à aquisição de um certo grau de sabedoria, ou seja, de prudência e ponderação[21], a evolução histórica nos mostra claramente que Javé perde de vista a convivência pleromática que mantinha com Sofia desde os dias da criação. Em lugar dela, surge a aliança com o povo eleito, o qual é impelido então a revestir-se do papel feminino. O "povo" daquela época era constituído por uma sociedade patriarcal de natureza masculina, na qual a mulher tinha apenas importância secundária. Por este motivo, o matrimônio de Deus com Israel foi um assunto de caráter essencialmente masculino, como era, por exemplo, a fundação da "pólis" (quase na mesma época). A inferioridade da mulher era um ponto pacífico. A mulher era considerada mais imperfeita do que o homem, como podemos ver pela facilidade com que Eva cedeu diante das insinuações da serpente no paraíso. A *perfeição é* um "desideratum" masculino, ao passo que a mulher tende, pela própria natureza, para a *integralidade*. De fato, ainda hoje o homem consegue sustentar uma perfeição relativa, de modo mais adequado e por mais tempo, ao passo que esta não é conveniente para a mulher, podendo inclusive ser-lhe perigosa. Quando a mulher procura a perfeição, está se esquecendo do seu papel complementar em relação a essa perfeição, isto é, negligencia a integralidade. Esta, embora imperfeita em si mesma, constitui a contrapartida tão necessária da perfeição. De fato, da mesma forma que a integralidade é sempre imperfeita, a perfeição também é sempre incompleta e por isto constitui um estado final terrivelmente estéril. *Ex perfecto nihil fit* (Nada se pode fazer com o que já é perfeito), dizem os velhos mestres, ao passo que o *imperfectum* (inacabado) traz dentro de si os germes de um aperfeiçoamento futuro. O perfeccionismo termina sempre em um beco sem saída, ao passo que a integralidade carece somente dos valores seletivos.

---

21. Cf. ο φρόνιμως da parábola do administrador infiel (Lc 16,8).

621 O matrimônio celebrado com Israel tem por motivo fundamental um propósito perfeccionista de Javé. Isto exclui de antemão aquelas relações que poderíamos denominar de *eros*. A ausência deste *eros*, ou seja, da relação de valor, surge com suficiente clareza na figura de Jó: o grande paradigma da criação por excelência é um monstro e não um homem (bem entendido!). Javé não tem o *eros*, não possui nenhuma relação com o homem, mas apenas com um fim para o qual o homem deve cooperar. Mas nada disto impede que Ele seja ciumento e desconfiado, como só acontece com um marido. Mas Ele só pensa em seu projeto e nunca no homem em si.

622 A fidelidade do povo torna-se tanto mais importante, quanto mais Javé se esquece da Sabedoria. Mas o povo volta sempre a cair na infidelidade, apesar das inúmeras demonstrações de favor da parte de Javé. Este comportamento, naturalmente, não é apto a aplacar o ciúme e a desconfiança de Javé. Por isso a insinuação de Satanás cai em terreno fértil, ao instilar no ouvido paterno a dúvida a respeito da fidelidade de Jó. Apesar de estar convencido da fidelidade deste último, Javé não hesita em dar o seu assentimento aos piores tipos de tortura contra o seu servidor. Sentimos faltar aqui aquela "filantropia" da Sofia, conhecida em outras ocasiões. O próprio Jó anseia pela sabedoria que é impossível encontrar[22].

623 Jó representa o ponto culminante desta evolução escabrosa. Ele corporifica, em sua função de paradigma, uma ideia que estava amadurecendo no homem de então, uma ideia perigosa e sumamente exigente em relação à sabedoria dos deuses e dos homens. Jó se dá plenamente conta destas exigências, mas, como podemos ver, nada sabe a respeito da Sofia que é coeterna a Deus. Como os homens se sentem entregues ao arbítrio de Javé, têm necessidade da Sabedoria, mas isto não ocorre com o próprio Javé, que até então só depara com a nulidade e a pequenez do homem. Mas o drama de Jó altera fundamentalmente esta situação. Javé se defronta aqui com o homem paciente, que persiste em seu direito até se ver obrigado a ceder à força bruta. Ele viu o semblante de Deus e sua dualidade inconsciente. Deus tornou-se conhecido, e este conhecimento continuou a agir não só em

---

22. Jó 28,12: "Mas a sabedoria, onde é que se encontra?" A questão de saber se esta passagem é uma interpolação posterior ou não não altera os dados da questão.

Javé como também nos homens; e assim foram os homens dos últimos séculos antes de Cristo que, após um rápido contato com a Sofia preexistente e compensando Javé e sua atitude, realizaram ao mesmo tempo a anamnese da Sabedoria. Esta última aparece sob uma forma extremamente personificada, expressando com isto sua autonomia; apresenta-se aos homens como auxiliadora amorosa e defensora junto ao trono de Jesus e lhes mostra o semblante luminoso, bom, justo e amável de seu Deus.

Quando o paraíso, planejado como algo perfeito, foi comprometido pelas artimanhas de Satanás, Javé expulsou Adão e Eva, que criara respectivamente como a imagem de sua essência masculina e de sua emanação feminina, para o mundo das cascas, o mundo intermediário situado fora do paraíso. Não se sabe o que em Eva representa a Sofia ou se esta se refere a Lilith. Adão tem a prioridade sob todos os aspectos. Eva foi extraída do seu lado numa fase posterior. Por esta razão ela vem em segundo lugar. Aludo a esta particularidade que encontramos em Gênesis, porque o reaparecimento da Sofia no âmbito divino indica acontecimentos da criação que estavam por vir. Ela é a "artífice": realiza o pensamento de Deus, dando-lhe uma forma material, o que é uma prerrogativa da essência feminina. Sua coexistência com Javé indica o hierógamos eterno, do qual foram gerados e nasceram os mundos. Está prestes a se operar uma grande mudança: *Deus quer se renovar no mistério das núpcias celestes* (como faziam sempre os principais deuses egípcios) *e quer tornar-se homem*. Parece que Ele se serve do modelo egípcio da encarnação do deus em faraó, modelo que, por sua vez, é uma pura e simples imitação do hierógamos pleromático eterno. Mas não seria correto afirmar que este arquétipo se repete como que mecanicamente. Até onde é possível saber, tal coisa jamais acontece, porque as situações arquetípicas só se repetem quando submetidas a estímulos especiais. O motivo propriamente dito da encarnação deve ser procurado na confrontação de Javé com Jó. Voltaremos ainda mais demoradamente a esta questão. 624

IV

Assim como a decisão de encarnar-se lança mão, ao que parece, do modelo corrente no antigo Egito, assim também pode esperar-se que o seu desenvolvimento se inspirará, quanto aos detalhes, em cer- 625 tas prefigurações do Antigo Testamento. Assim é que *a aproximação da Sofia tem o sentido de uma nova criação*. Mas desta vez não é o mundo que deve ser mudado; é Deus que quer transformar o seu próprio ser. O gênero humano não deve ser destruído, como outrora, mas *salvo*. Nesta decisão percebe-se a influência benévola da Sofia para com os homens: não se deve mais criar novos homens, mas apenas um, o *Homem-Deus*. Para isto, deve-se usar um procedimento inverso. O *Adam secundus* (o segundo Adão) não deve ser o primeiro a provir diretamente das mãos do Criador, mas deverá nascer de mulher humana. Desta vez, portanto, a prioridade cabe à "Eva secunda", não apenas em sentido cronológico, mas também em sentido substancial. Segundo o que lemos no protoevangelho, ou mais precisamente em Gn 3,15, a segunda Eva corresponde à "mulher e sua posteridade" que "esmagará a cabeça" da serpente. Da mesma forma que Adão é considerado originariamente como hermafrodita, assim também a "mulher e sua posteridade" são consideradas como um par humano, ou seja: de um lado a *Regina Caeli* (Rainha do Céu) e, de outro, o Filho divino que não tem pai humano. Por isto a Virgem Maria é escolhida como vaso puro para o nascimento futuro de Deus. Sua autonomia e independência em relação ao homem é realçada pela virgindade radical. Maria é uma "filha de Deus", a qual, como se definirá dogmaticamente em época posterior, foi distinguida desde o início com o privilégio da Imaculada Conceição e assim libertada da mancha do pecado original. Daí se vê que ela pertence ao *status ante lapsum* (estado anterior à queda). Isto significa um novo início. A pureza absoluta de seu estado nos mostra, de imediato, que não somente Maria é portadora da *imago Dei* (a imagem de Deus) em toda a sua integridade, mas que encarna, também como esposa de Deus, o seu protótipo, ou seja, a Sofia. Seu amor para com os homens, abundantemente realçado nos documentos antigos, nos permite supor que Javé, ao realizar esta sua novíssima criação, foi influenciado pela Sofia em certos pontos essenciais. De fato, em sua qualidade de "bendita entre as mulheres", Maria é amiga e intercessora dos pecadores, que são todos os homens, sem exceção. Como a Sofia, ela é uma *mediatrix* (mediadora), que conduz os homens a Deus, assegurando-lhes a salvação e a imortalidade. Sua *Assumptio* (assunção) constitui o modelo da ressurreição corporal da humanidade. Como esposa de Deus e Rainha do Céu, ela ocupa o lugar da Sofia do Antigo Testamento.

Dignas de nota são as excepcionais medidas de precaução com que se cerca a formação de Maria: *Conceptio Immaculata* (Imaculada Conceição), isenção da *macula peccati* (mancha do pecado original), virgindade perpétua. Isto nos mostra com toda a evidência que a Mãe de Deus é protegida contra as artimanhas de satanás. Daí podermos concluir que Javé recorreu à sua onisciência, pois nesta está incluído o conhecimento das tendências perversas que impelem o filho tenebroso de Deus. Maria deve ser resguardada a todo custo de suas influências corruptoras. A consequência inelutável desta medida de precaução, entretanto, não foi devidamente levada em conta na apreciação dogmática da Encarnação, isto é, o fato de que a isenção do pecado original exclui a Virgem do conjunto da humanidade, cuja característica comum é o pecado original, e por conseguinte também a exime da necessidade de redenção. O *status ante lapsum* corresponde à existência paradisíaca, ou pleromática e divina. Com as excepcionais medidas de proteção, Maria é como que elevada ao *status* de deusa, perdendo consequentemente sua plena condição humana: ela não concebeu seu Filho no pecado, como as demais mulheres, e por isso jamais será uma simples criatura humana, mas divina. Nunca, segundo me consta, isto foi motivo de que a encarnação real de Deus fosse colocada em dúvida ou então só considerada como parcialmente realizada. *Tanto a Mãe como o Filho não são seres humanos reais, mas deuses.*

626

Todo este procedimento constitui, na verdade, uma exaltação da pessoa de Maria no sentido masculino, uma vez que ela se aproxima da perfeição de Cristo. Ao mesmo tempo representa uma ofensa ao princípio feminino da imperfeição ou da integralidade, na medida em que este princípio, com o processo de aperfeiçoamento, é reduzido àquela diminuta fração que ainda distingue Maria de Cristo. *Phoebo propior lumina perdidit* (ao se aproximar do Sol, a Lua perdeu a Luz). Por isso, quanto mais o ideal feminino se inclina em direção ao masculino, tanto mais se priva a mulher da possibilidade de compensar o anseio masculino de perfeição, surgindo daí um estado masculinamente ideal que, como teremos ocasião de ver, acha-se ameaçado por uma enantiodromia. Não há caminho algum que conduza ao futuro, pas-

627

sando pela perfeição, a não ser uma reversão, isto é, uma catástrofe do ideal, que poderia ser evitada pelo ideal da integralidade feminina. O perfeccionismo javístico do Antigo Testamento continua no Novo Testamento e mesmo com o reconhecimento e a exaltação do princípio feminino este último não se impôs à dominação patriarcal. Em vista disso, voltaremos a falar sobre ele mais adiante.

V

628   O filho mais velho fracassou junto aos primeiros pais. Era um *eidolon* (imagem) de Satanás e só o filho mais novo, Abel, agradou a Deus. A imagem de Deus fora deformada em Caim, ao passo que em Abel fora apenas ligeiramente obscurecida. Do mesmo modo que o Adão primitivo fora concebido como imagem de Deus, assim também o filho bom, que é o modelo de Abel (sobre o qual, entretanto, não há documentos, como vimos), constitui a prefiguração do Homem-Deus. O que sabemos de positivo a respeito deste último é que Ele, enquanto *Logos* preexistente, é coeterno e até mesmo ὁμοούσιος (consubstancial) a Deus. Por este motivo podemos considerar Abel como um protótipo imperfeito do Filho de Deus que será gerado de Maria. Da mesma forma que Javé, no início, fizera a tentativa de criar um seu equivalente ctônico na pessoa do homem primordial Adão, assim também agora tem a intenção de criar algo semelhante, mas ao mesmo tempo significativamente muito melhor. É a isto que se destinam as medidas excepcionais de precaução acima mencionadas. O novo Filho, Cristo, deve ser por um lado um homem ctônico, como Adão, e consequentemente também mortal, mas por outro lado não deve ser apenas uma imagem, como Adão, e sim o próprio Deus que se gera a si mesmo enquanto pai, e rejuvenesce o Pai enquanto Filho. Enquanto Deus, nunca deixou "de ser Deus, e enquanto Filho de Maria que, como já vimos, constitui uma imagem da Sofia, é o *Logos* (sinônimo de Nous), o qual, da mesma maneira que Sofia, é artífice da criação, tal como se lê no Evangelho de João*. Esta identidade entre mãe e filho é atestada diversas vezes na mitologia.

---

* Jo 1,3: "Todas as coisas foram feitas por ele e sem o Verbo nada se fez de quanto foi feito".

Embora o nascimento de Cristo seja, na verdade, um acontecimento histórico e singular, trata-se de um fato que sempre existiu. Para um leigo em questões desta espécie torna-se difícil imaginar a identidade entre um acontecimento intemporal e eterno e um acontecimento singular e histórico. Por isso ele deve acostumar-se com a ideia de que o tempo é um conceito relativo que, a rigor, deveria ser completado pela noção da existência "simultânea" de Bardo ou pleromática de todos os processos históricos. Aquilo que existiu como "processo" eterno no pleroma surge, no tempo, como sequência aperiódica, ou seja, numa repetição muitas vezes irregular. Baste-nos *um* exemplo: Javé tem um filho que fracassou e um filho que é bom. Este protótipo tem seu correspondente em Caim e Abel, em Jacó e Esaú, bem como em todas as épocas e regiões, e também no tema dos irmãos inimigos, que, com inúmeras variantes, divide as famílias ainda hoje, ocupando a atenção dos psicoterapeutas. Poderíamos citar aqui outros exemplos, igualmente instrutivos, de duas mulheres predestinadas desde a eternidade. Por isso, quando coisas desta natureza aparecem em variações modernas, não devem ser tomadas, por exemplo, como simples incidentes ou caprichos pessoais, ou como idiossincrasias individuais è ocasionais, mas como um processo pleromático constituído de sucessivos acontecimentos temporais isolados, parte ou aspecto integrante e imprescindível do drama divino.

Ao criar o mundo a partir de sua matéria primordial, o assim chamado "nada", Javé outra coisa não fez senão introduzir-se nos segredos da criação, que são Ele mesmo, em cada um de seus aspectos, fato este há muito tempo aceito por qualquer teologia sensata. Daí provém a convicção de que se pode conhecer a Deus por meio de sua criação. Minha afirmação de que Javé não poderia fazer senão isto não implica uma limitação de sua onipotência, mas antes no reconhecimento de que nele estão encerradas todas as virtualidades, não existindo outras além daquelas que o exprimem.

O mundo inteiro é de Deus e Deus está presente no mundo inteiro, desde o início. Para que, então, o grande processo da Encarnação? – perguntamo-nos com espanto. De fato, Deus está presente em todas as coisas, mas deve estar faltando alguma coisa para que uma segunda entrada na criação seja encarada com tanta precaução e cuidado. Ora, como a criação é universal e abrange até as mais longínquas nebulosas, tendo disposto a vida orgânica de maneira infinitamente variável e diferenciável, dificilmente se poderia observar dentro dela alguma falha. Que satanás se tenha introduzido na criação com sua influência corruptora é fato lamentável, por muitas e diversas razões, mas isto não vem ao caso no contexto presente, quanto ao essencial da questão. Não é fácil encontrar uma resposta satisfatória para este problema. Naturalmente há quem afirme que Cristo precisou aparecer para salvar a humanidade do mal. Mas, tendo em vista o fato de que o mal foi insinuado originalmente por satanás e que continua a irromper como por encanto dentro do indivíduo, seria muito mais simples que Javé chamasse energicamente à ordem, de uma vez por todas, este *practical joker* (hábil gracejador) anulando sua influência perniciosa e, com ela, a raiz do mal. Neste caso, não seria preciso uma encenação toda especial para a encarnação, com todas as consequências imprevisíveis que acompanham a encarnação de Deus. Tenhamos bem presente o que significa *Deus tornar-se homem*. Significa nada menos do que uma mudança em Deus, mudança que transtorna o universo. Significa algo daquilo que a criação foi em sua época, ou seja, precisamente, uma objetivação de Deus. Naquela oportunidade Ele se revelou a partir da natureza criada; agora, porém, o que Ele quer mais especificamente ainda é tornar-se homem. Contudo, é preciso não esquecer que houve sempre uma tendência em tal sentido. Com efeito, no dia seguinte àquele em que apareceram os homens juntamente com os mamíferos superiores, manifestamente criados antes de Adão, Javé, mediante um ato especial de criação, produz um homem à imagem de Deus. Com isto ocorreu uma primeira prefiguração da encarnação: Javé apoderou-se pessoalmente do povo constituído pelos descendentes de Adão, e de tempos em tempos insuflou seu espírito nos profetas deste povo. Estes acontecimentos e indícios preparatórios mostravam uma tendência intradivina para a encarnação. Mas na onisciência divina estavam presentes a natureza humana de Deus ou a natureza divina do homem, desde toda a eternidade. Por isso, muito antes da redação do Gênesis encontramos testemunhos antigos correspondentes aos documentos do antigo Egito. Estas alusões e prefigurações da encarnação podem aparecer ininteligíveis e desnecessárias, pois afinal toda a criação, que provém *ex nihilo* (do nada), pertence a Deus e é constituída pelo próprio Deus;

por isso, o homem, como a criação inteira, é Deus que se tornou de algum modo concreto. Mas as prefigurações não são em si acontecimentos criadores e sim apenas etapas do processo de conscientização. Só muito tardiamente é que os homens se deram conta (e continuam a ocupar-se disto) de que Deus é um ser real por excelência e, consequentemente, também homem. Esta percepção da realidade constitui um processo que se prolonga através dos séculos.

VI

Dada a magnitude do problema que discutiremos, esta incursão acerca dos acontecimentos pleromáticos não me parece supérflua, como introdução. 632

Mas qual o verdadeiro motivo da encarnação enquanto evento histórico? 633

Para responder a esta pergunta, devemos alongar-nos um pouco mais. Como vimos anteriormente, parece que Javé tem certa aversão a recorrer ao seu conhecimento absoluto, no confronto com a dinâmica de sua onipotência. Talvez o exemplo mais instrutivo a este respeito é sua relação com Satanás; e tal como as coisas se apresentam, parece que Javé não foi inteirado das intenções de seu filho. Isto se deve ao fato de que Ele não leva em consideração a própria onisciência. É possível explicar um fato desta natureza porque Javé se achava de tal modo fascinado e ocupado com os atos sucessivos de sua criação, que se esqueceu de que era onisciente. Compreende-se perfeitamente que a corporalização mágica de objetos das mais diversas naturezas, que nunca tinham existido antes com tanta clareza, tenha produzido um encantamento divino. Parece que a Sofia está bem lembrada disto, ao dizer: 634

"Quando assentava os fundamentos da terra,
eu estava lá como predileta a seu lado;
era toda encantamento, dia após dia..."[1]

---

1. Pr 8,29-30.

635	No livro de Jó ecoa ainda aquela alegria satisfeita e orgulhosa pela obra da criação, quando Javé se refere aos animais que conseguiu realizar com tanta perfeição:

> "Vê o hipopótamo que criei como a ti...
> ....
> É a primeira das obras de Deus,
> Feito para reinar sobre os seus companheiros"[2].

636	Na época de Jó, Javé está ainda embriagado pelo poder e pela grandeza de sua criação. Que sentido têm, ao lado disto, as pequenas artimanhas de Satanás e as lamentações dos homens criados como os hipopótamos, mesmo que sejam portadores da imagem de Deus? Parece que Javé se esqueceu simplesmente do significado desta imagem, senão como teria ignorado tão completamente a dignidade humana de Jó?

637	Graças às cuidadosas e previdentes preparações para o nascimento de Cristo, podemos ver que a onisciência começa a ter uma grande influência sobre o comportamento de Javé. Nota-se então, nele, um certo traço filantrópico e universalista. Os "filhos de Israel" são relegados um pouco para o segundo plano em confronto com os filhos dos homens, e também a partir de Jó não ouvimos mais falar de novas alianças. São as máximas sapienciais que parecem estar na ordem do dia, enquanto se observa o aparecimento de uma verdadeira novidade: *as comunicações de natureza apocalíptica*. Isto indica a presença de operações mentais de caráter metafísico, ou seja, de conteúdos inconscientes "constelados", prontos para irromper na consciência. Em tudo isso, como já dissemos, está a agir a mão benfazeja de Sofia.

638	Se considerarmos o comportamento de Javé em seu conjunto, antes do reaparecimento da Sofia, notaremos um fato único e inegável, qual seja, o de que o modo de agir de Javé vem sempre acompanhado de uma *consciência inferior*. Observa-se invariavelmente a ausência de reflexão e de referência ao conhecimento absoluto. Parece que a sua consciência não passa de uma *awareness* primitiva (conceito para o qual não existe, infelizmente, termo correspondente em nossa língua). Podemos descrevê-la como sendo uma "consciência

---

2. Jó 40,10.14 [segundo a Vulgata].

meramente perceptiva". A *awareness* não conhece a reflexão, nem a moralidade. O indivíduo simplesmente percebe e age às cegas, isto é, sem uma inclusão consciente do sujeito cuja existência não lhe oferece problema. Em nossos dias um estado desta natureza corresponderia psicologicamente ao inconsciente e juridicamente à "irresponsabilidade". Mas o fato de a consciência não realizar operações mentais não implica que tais operações não existam. Elas se realizam de modo inteiramente inconsciente e só indiretamente nos damos conta de sua existência, ou seja, através dos sonhos, das visões e das modificações "instintivas" da consciência. Somente à luz de sua natureza podemos verificar que elas provêm de um conhecimento "inconsciente" e se processam mediante raciocínios e conclusões inconscientes.

639 Algo de semelhante pode ser observado na estranha mudança que se operou no comportamento de Javé depois do episódio de Jó. Parece-me fora de dúvida que a princípio Ele não se deu plenamente conta da derrota moral que sofreu em confronto com Jó. Mas este fato já estava prefixado, desde toda a eternidade, na sua onisciência, e podemos muito bem admitir que este conhecimento que o levou a agir tão inconsideradamente em relação a Jó, de modo a tornar-se um pouco consciente em consequência de sua confrontação com ele, atingindo um certo grau de conhecimento. Satanás, ao qual se atribui posteriormente, e não sem razão, o título de "Lúcifer", soube utilizar-se desta onisciência muito mais vezes e melhor do que seu próprio Pai[3]. Parece que foi ele o único dos filhos de Deus a desenvolver tantas iniciativas. De um modo ou de outro, foi ele que lançou no caminho de Javé aqueles incidentes imprevistos que na onisciência eram sentidos como necessários e até mesmo imprescindíveis para o desenvolvimento e a realização plena do drama divino. Entre tais incidentes está o caso decisivo de Jó, que só se deu por iniciativa de Satanás.

---

3. Na tradição cristã existe a opinião de que o Diabo sabia, com muitos séculos de antecedência, da intenção divina de tornar-se homem, e por isso teria sugerido o mito de Dioniso aos gregos, para que pudessem dizer, quando a boa-nova chegasse de verdade a eles: "ora vejam, nós conhecemos isto já há muito tempo!" Mais tarde, quando os conquistadores descobriram as cruzes maias no Iucatã, os bispos espanhóis também recorreram a este mesmo argumento.

640   A vitória do inferior e oprimido é evidente: moralmente Jó se achava numa posição superior a Javé. A criatura sobrepujara o seu Criador sob este ponto de vista. Como sempre acontece, um conhecimento inconsciente pode tornar-se consciente quando em contato com um acontecimento exterior. Este é percebido então como algo *déjà vu* (como se já tivesse sido visto) pelo indivíduo que se recorda de o ter conhecido anteriormente. Algo de semelhante deve ter acontecido a Jó. Não era mais possível anular a sua superioridade. Isto deu origem a uma situação que exigia meditação e reflexão. É então que a Sofia intervém. Ela sustenta a necessidade de reflexão e, deste modo, torna possível a resolução tomada por Javé no sentido de se tornar, Ele próprio, criatura humana. Essa decisão tem consequências graves: Javé se coloca acima de seu estado primitivo, na medida em que reconhece indiretamente que o homem Jó é moralmente superior a Ele e que, por conseguinte, também terá de ultrapassar o gênero humano. Se não tomasse tal decisão, estaria em flagrante contradição com sua própria onisciência. Javé deve tornar-se homem, porque fez injustiça ao homem. Como defensor que é da justiça, Ele sabe que toda injustiça deve ser reparada, e a sua Sabedoria não desconhece que Ele também está submetido ao império da lei moral. *Ele deve renovar-se, porque foi superado pela própria criatura.*

641   Mas como nada se podia fazer, nem mesmo a própria criação *ex nihilo*, sem que se dispusesse de um modelo anterior e era preciso, de qualquer modo, recorrer ao tesouro eterno das imagens criadas pela fantasia da "artífice" da criação, pensou-se, de um lado, em Adão (embora com certas limitações) e, de outro, em Abel (neste caso com melhores possibilidades) para modelo imediato do filho a ser gerado. As restrições referentes a Adão consistem no fato de que embora seja *anthropos*, é uma criatura e é pai, e assim não corresponde ao aspecto original. Ora, a vantagem de Abel está em que ele é o filho agradável a Deus e que foi gerado, e não diretamente criado, como Adão. Mas apresenta um inconveniente inevitável, que é o de ter perdido a vida prematuramente por violência, e demasiado cedo para ter deixado viúva e filhos, o que, em última análise, faria parte de um destino plenamente humano. Abel não é, a rigor, o arquétipo do filho querido de Deus, e sim uma imagem sua, e a primeira que conhecemos por intermédio da Sagrada Escritura. Mas a existência do Deus que morre

prematuramente e o fratricídio já se encontram documentados nas religiões pagãs da época. Por isso parece que não incidimos em erro se admitirmos que o destino de Abel se acha ligado a um acontecimento de natureza metafísica que se deu entre Satanás e um filho luminoso e mais dedicado ao pai. As antigas tradições nos dão testemunho deste fato. Como dissemos há pouco, parece que não se pode evitar o inconveniente da prefiguração do arquétipo de Abel, pois ele é parte integrante do drama místico do filho, como se pode ver nas diversas variantes pagãs deste tema. O breve desenrolar do destino dramático de Abel talvez possa servir de paradigma para a vida e a morte de um Deus feito homem.

Em conclusão: vemos o motivo imediato da encarnação na exaltação de Jó, e o seu final na diferenciação pela qual passou a consciência de Javé. Para isto, foi necessária uma situação extremamente crítica, uma peripécia plena de afetos, sem o que não se pode atingir um nível superior de consciência. 642

VII

Como modelo do futuro nascimento do Filho de Deus se apresenta, de modo geral, além de Abel, também a disposição da vida do herói fixada desde tempos imemoriais e transmitida por via de tradição. É claro que este herói não foi concebido simplesmente como Messias nacional, e sim como Salvador universal. Por esta razão é que o mito e a respectiva revelação pagã no tocante à vida de algum homem de exceção é considerado de modo particular pelos deuses. 643

Este é o motivo pelo qual o nascimento de Cristo foi caracterizado pelas manifestações que acompanham o nascimento do herói, quais sejam o anúncio prévio deste nascimento; a geração no seio de uma virgem; a coincidência com a tríplice *coniunctio magna* (F ! G) no signo de Pisces que introduziu, precisamente naquela época, o novo *eon* ligado ao nascimento de um rei; a perseguição ao recém-nascido; sua fuga e ocultação; a modéstia de seu nascimento etc. Pode-se ver também o tema do crescimento do herói em sabedoria demonstrada pelo jovem de 12 anos, no templo; e quanto ao tema da ruptura com a mãe há também alguns exemplos. 644

645   Compreende-se sem dificuldades que a natureza e o destino do Filho de Deus sejam de particular interesse. À distância de quase dois milênios, constitui tarefa extremamente difícil reconstituir a biografia de Cristo, partindo das tradições recebidas. Ora, não há um texto sequer que corresponda às exigências da moderna historiografia. Os fatos historicamente verificáveis são extremamente escassos e o que se pode utilizar como material biográfico não oferece elementos suficientes de onde se possa extrair uma vida em que não haja contradições e que tenha um caráter mais ou menos verdadeiro. Certas autoridades em teologia descobriram a explicação para isto na circunstância de que é impossível separar a escatologia da biografia e da psicologia de Cristo. Entende-se por escatologia, quanto ao essencial, o fato de Cristo não ser apenas homem, mas também Deus e ter, por conseguinte, experimentado o destino divino, ao lado do destino humano. Nele as duas naturezas se interpenetram de tal modo, que qualquer tentativa de separar uma da outra mutila a ambas: a divindade cobre o homem com sua sombra, e é quase impossível captar o homem enquanto pessoa empírica. Os próprios meios de conhecimento da psicologia moderna não conseguem explicar todas as suas obscuridades. Qualquer tentativa de pôr em destaque um traço isolado, para maior clareza, violenta o outro, igualmente importante, tanto em relação à divindade quanto em relação à humanidade. O dia a dia de Cristo se acha de tal modo entremeado ao maravilhoso e ao mítico, que nunca se pode saber com certeza o que é real e o que não o é. O que certamente mais perturba e causa confusão é o fato de que os escritos mais antigos do cristianismo, os de Paulo, são os que menos interesse parecem oferecer no que respeita à existência humana e histórica de Cristo. Os próprios Evangelhos sinóticos não satisfazem, porque têm um caráter mais propagandístico do que de biografia.

646   Quanto ao aspecto humano de Cristo, se é que podemos falar de um aspecto *puramente* humano, o que mais nele se destaca é a sua "filantropia". Este traço já se insinua na relação entre Maria e a Sofia, e depois, de modo particular, na geração por obra do Espírito Santo, cuja natureza feminina é personificada pela Sofia, pois é a forma histórica imediata do ἅγιον πνεῦμα, simbolizado pela *pomba*, a ave da deusa do amor. A "filantropia" de Cristo aparece consideravelmente limitada por uma certa tendência predestinacionista que o leva, às ve-

zes, a privar os não eleitos de sua revelação salvífica. Quem a interpreta, porém, psicologicamente, como meio destinado a produzir um determinado efeito, não terá dificuldade de entender a referência a uma predeterminação que provoca uma certa impressão de grandiosidade. Quando alguém se sabe objeto de escolha de um projeto divino desde o princípio do mundo, sente-se subtraído à caducidade e à insignificância da existência humana comum e transferido para o estado em que goza da dignidade de participante do drama divino universal. Isto o coloca na proximidade de Deus, fato este que corresponde perfeitamente ao sentido da mensagem evangélica.

Nota-se no caráter de Cristo, além de seu amor para com os homens, uma certa irritabilidade e uma falta de autorreflexão, como acontece frequentemente com os temperamentos emotivos. Não se encontra em parte alguma uma indicação de que Cristo se tenha admirado consigo mesmo. Parece que ele não se sente confrontado consigo mesmo. Existe apenas *uma* exceção a esta regra, o seu grito de desespero na cruz: "Meu Deus, meu Deus, por que me abandonaste?" Sua natureza humana atinge aqui a divindade e no momento em que Deus vive a experiência do homem mortal e sente em si próprio os sofrimentos pelos quais fizera passar o seu fiel servidor Jó. É aqui que se responde a Jó e, como se pode ver, é um momento ao mesmo tempo divino e humano, "escatológico" e "psicológico". O motivo divino se acha presente, de forma impressionante, neste momento em que se pode sentir o homem em toda a sua dimensão. Os dois são uma só e mesma coisa. Como é que se pretende desmitizar aqui a figura de Cristo? Uma tentativa racionalista desta espécie nada mais faria, evidentemente, do que esvaziar o mistério desta personalidade, e o que restasse não seria mais o nascimento e o destino de um Deus no tempo, mas a figura de um doutrinador religioso, mal atestada pela história, de um reformador judeu interpretado e entendido erroneamente em sentido helenístico, algo assim como um Pitágoras, um Buda, ou como um Maomé, mas jamais como um Filho de Deus ou um Deus feito homem. Além do mais, parece que tais pessoas não percebem com suficiente clareza que espécies de reflexão um Cristo isento de toda escatologia por força haveria de provocar! Existe hoje uma psicologia empírica, embora a teologia tudo faça por ignorá-la, e certas afirmações de Cristo poderiam ser rigorosamente analisadas por ela. Em outras palavras: se desvincularmos estas afirmações da sua relação com o mito, não haverá outra maneira de interpretá-las senão em sentido pessoal. Mas se reduzíssemos afirmações como esta: "Eu sou o caminho, a verdade e a vida; ninguém vem ao Pai senão por mim"[1], a uma psicologia pessoal, a que conclusão chegaríamos? É claro que à mesma a que chegaram os parentes de Jesus, ao afirmarem: "Ele está fora de si"[2]. Que sentido terá uma religião sem mito, se sua função, quando realmente existe, é precisamente a de nos ligar ao mito eterno?

648   Foi em razão destas dificuldades e também devido a uma certa impaciência diante de um material difícil de tratar, que se admitiu ser Cristo apenas um mito, o que, no presente caso, equivaleria a dizer uma *ficção*. O mito, porém, não é ficção; pelo contrário, o mito se verifica em fatos que se repetem incessantemente e podem ser constantemente observados. Ele ocorre no homem, tendo os homens um destino mítico, da mesma maneira que os heróis gregos. Que a vida de Cristo seja um mito, nada depõe contra a sua realidade; e eu quase diria: muito pelo contrário, pois é o caráter mítico de uma vida que exprime justamente o seu valor humano universal. Psicologicamente falando, nada impede que o inconsciente ou o arquétipo se apodere totalmente de um indivíduo e determine o seu destino até mesmo nos mínimos detalhes. Em tal ocorrência podem surgir fenômenos que também são expressões do arquétipo. O arquétipo não apenas parece realizar-se, como de fato se realiza: psicologicamente no indivíduo, e objetivamente, de um modo exterior. A meu ver Cristo era uma dessas personalidades. Sua vida é precisamente o que deve ser, pois se trata da vida de um Deus e de um homem. É um *símbolo,* isto é, a reunião de naturezas heterogêneas, um pouco como se víssemos Jó e Javé unidos em *uma só* e mesma personalidade. A intenção de Javé de tornar-se homem, que resultou do entrechoque com Jó, realizou-se plenamente na Vida e na Paixão de Cristo.

---

1. Jo 14,6.
2. Mc 3,21.

VIII

Espantamo-nos ao relembrar os atos de criação de outrora, em que Satanás, apesar de tudo, exercia suas influências subversivas. Na verdade, ele está presente em toda a parte, semeando o joio no meio do trigo. Poder-se-ia supor sua ação no morticínio das crianças ordenado por Herodes. É bem conhecida sua tentativa de atrair a Cristo para o papel de dominador do mundo. Também é evidente, como se pode deduzir das palavras do possesso, que ele está bem informado a respeito da natureza de Cristo, como parece ter sido ele quem instigou Judas, sem que no entanto tenha podido influir ou impedir a morte sacrifical.

649

Sua relativa ineficácia se explica, de um lado, pela cuidadosa preparação do nascimento de Deus e, de outro lado, por um singular acontecimento metafísico de que Cristo se apercebera: *Viu Satanás cair do céu como um raio*[1]. Esta visão refere-se à temporalização de um dado metafísico, qual seja a separação histórica e (provisoriamente) decisiva de Javé e de seu filho tenebroso. Satanás foi banido do céu, perdendo a chance de convencer seu Pai de empreender ações de êxito duvidoso. É este acontecimento que explica, certamente, a razão pela qual todas as vezes que aparece no palco da história da encarnação, Satanás desempenha um papel de caráter tão inferior, que não lembra mais a sua antiga relação de confiança com Javé. Evidentemente ele fez pouco caso da benevolência paterna e por isto foi exilado. Deste modo foi atingido, conquanto de forma muito mitigada, pelo castigo que não sofreu no contexto da história de Jó. Embora afastado da corte celeste, conserva o domínio sobre o mundo sublunar. Foi lançado sobre a terra e não diretamente ao inferno. Só no fim dos tempos será aprisionado e perpetuamente privado de sua eficácia. A morte de Cristo não lhe deve ser imputada, pois com a prefiguração ocorrida na pessoa de Abel e nos deuses que morrem prematuramente, a morte sacrifical significa, de um lado, enquanto destino escolhido por Javé, a reparação da injustiça praticada contra Jó, e de outro, uma realização em favor do processo superior de desenvolvi-

650

---

1. Lc 10,18.

mento espiritual e moral do homem. Pois quando o próprio Deus se fez homem, a importância e a significação do homem avultam.

651 Com a limitação relativa imposta a Satanás, Javé se tornou um Deus de bondade e um Pai amoroso, identificado a seu aspecto luminoso. Perdeu seu caráter irascível, mas ainda pode castigar, embora com justiça. Parecem improváveis casos semelhantes ao da tragédia de Jó. Javé se mostra bondoso, clemente e cheio de misericórdia para com a humanidade pecadora, e chega mesmo a ser definido como o amor. Embora Cristo deposite uma confiança ilimitada em seu Pai e se sinta um só com Ele, não deixa de inserir no Pai-nosso a cautelosa petição (e advertência): "Não nos deixeis cair em tentação, mas livrai-nos do mal". Isto é o mesmo que dizer: que Deus não nos induza diretamente ao mal, mas nos livre dele. Por isso a possibilidade de que Javé recorra a seus antigos procedimentos, apesar das medidas de precaução por Ele tomadas e de sua manifesta intenção de transformar-se no *Summum Bonum*, não está de todo afastada, para que se a perca de vista. Em todo caso, Cristo acha oportuno lembrar ao Pai, na oração, os pendores perniciosos dele em relação aos homens, e rogar-lhe que se desfaça deles. De fato, segundo o modo humano de pensar, seria desleal e mesmo sumamente imoral induzir crianças pequenas a praticar ações que poderiam ser-lhes perigosas, com o simples pretexto de pôr à prova sua firmeza moral! Além disso, a diferença que há entre uma criança e um adulto é incomparavelmente menor do que a que medeia entre Deus e suas criaturas, cuja fraqueza moral Ele deve conhecer perfeitamente. A desproporção é tão grande, que a referida petição deveria ser considerada uma blasfêmia, se não estivesse no Pai-nosso, pois, na verdade, é inadmissível que se atribua uma dessas incongruências ao Deus de amor e ao *Summum Bonum*.

652 A sexta petição do Pai-nosso permite-nos lançar um olhar em profundidade, pois neste sentido a grande segurança de Cristo a respeito do caráter de seu Pai parece-nos um tanto duvidosa. De fato, como sabemos por uma experiência universal, é sobretudo nos momentos em que se pretende descartar uma pequena dúvida surgida no pano de fundo que vemos aparecerem afirmações nitidamente positivas e categóricas. É forçoso admitir que seria contra a expectativa racional o fato de que um Deus, desde tempos imemoriais inclinado a entregar-se de vez em quando, a acessos devastadores de cólera, ape-

sar de toda a sua generosidade, se transformasse de repente na quintessência do bem. A dúvida manifesta, embora não confessada, de Cristo, a este respeito, é confirmada ainda em outras passagens do Novo Testamento, e de modo particular no Apocalipse de João. Aí, com efeito, vemos Javé entregar-se, mais uma vez, a uma cólera devastadora e sem precedentes contra o gênero humano, do qual parece que sobraram apenas 144.000 exemplares[2].

Na verdade, ficamos perplexos ao considerar como seria possível conciliar um fato desta natureza com o comportamento de um Pai amoroso, do qual só se esperaria que transfigurasse afinal a sua criação com paciência e amor. Tem-se mesmo a impressão de que é precisamente a tentativa de ajudar o bem a vencer de modo definitivo e absoluto que levaria forçosamente a uma dissolução perigosa do mal e com ela a uma catástrofe irremediável. A destruição de Sodoma e Gomorra, e mesmo o dilúvio são brinquedos de crianças ao lado do fim do mundo, pois desta vez é toda a criação que se desagrega. Como Satanás será encarcerado temporariamente e em seguida vencido e lançado ao fogo[3], a destruição do mundo não poderá ser obra do diabo, mas constitui um "act of God" não influenciado por Satanás.

O fim do mundo é precedido pelo fato de que nem mesmo a vitória do Filho de Deus, Cristo, contra seu irmão Satanás (correspondente a um contragolpe de Abel a Caim) foi conseguida real e definitivamente, pois se deve primeiro esperar uma manifestação poderosa de Satanás. Dificilmente se admite que a encarnação de Deus em seu Filho único, Cristo, tenha sido tranquilamente aceita por Satanás. Certamente ela deve ter provocado, ao máximo, o seu ciúme e despertado nele o desejo de imitar a Cristo (papel que lhe corresponde de modo particular como πνεῦμα ἀντίμιμον) e de encarnar, por sua vez, o deus *tenebroso*. A formação posterior da lenda se estendeu, como é notório, sobre este ponto. Este plano é levado a termo pela figura do *Anticristo,* precisamente no decurso do milênio, fixado astrologicamente e atribuído à duração do reinado de Cristo no mundo. Nesta expectativa, que já é a do Novo Testamento, começa a sur-

---

2. Ap 7,4.
3. Ap 19,20.

gir uma dúvida a respeito do caráter definitivo ou da eficácia da obra da redenção. Infelizmente (é preciso dizer) estas expectativas constituem revelações de natureza antirreflexa e nunca são confrontadas ou harmonizadas com o resto da doutrina da salvação.

IX

655   Menciono os acontecimentos apocalípticos unicamente para ilustrar a dúvida que se manifesta de forma indireta na sexta petição do Pai-nosso, e não para propor uma concepção genérica do Apocalipse. Mais adiante voltarei a tratar deste assunto. Antes, porém, devemos voltar nossa atenção para o problema de saber o que sucede com a encarnação de Deus depois da morte de Cristo. Aprendemos, desde tempos imemoriais, que a encarnação é um evento histórico e singular. Que não se pode esperar sua repetição, nem tampouco uma segunda revelação do *Logos*, pois esta também acompanhou a singularidade da manifestação de Deus na terra, há quase dois mil anos. A única fonte de revelação e a autoridade definitiva são, portanto, a Bíblia e Deus, na medida em que este conferiu o selo da autoridade aos escritos do Novo Testamento. Com a conclusão do Novo Testamento se encerram todas as comunicações autorizadas de Deus. Até aqui a concepção protestante! A Igreja Católica, como herdeira e continuadora direta do cristianismo histórico, mostra-se um pouco mais cautelosa a este respeito, pois sustenta que o dogma pode desenvolver-se e também se desdobrar sob a assistência do Espírito Santo. Esta concepção está mais em consonância com o ensinamento de Cristo sobre o Espírito Santo e, por conseguinte, com a continuação subsequente da encarnação. Cristo é de opinião, inclusive, que todo aquele que nele crer ou acreditar que Ele é o Filho de Deus, poderá fazer as obras que Ele faz. E fará ainda maiores do que essas[1]. Ele lembra a seus discípulos o ter-lhes dito que eles são deuses[2]. Os crentes ou eleitos são filhos de Deus e "coerdeiros de Cristo"[3]. Quando Cristo deixar o palco terreno,

---

1. Jo 14,12.
2. Jo 10,34.
3. Rm 8,17.

Ele rogará ao Pai que mande um "auxiliador" (o "Paráclito"), para que permaneça com eles e neles para sempre[4]. O auxiliador é o Espírito Santo enviado pelo Pai. Este "Espírito da verdade" ensinará aos crentes e os "introduzirá em toda a verdade"[5]. De acordo com isto, Cristo pensou em uma presença contínua da obra de Deus em seus filhos ou irmãos no Espírito Santo. E nesta continuidade as obras dele não deverão ser consideradas necessariamente como as maiores.

Como o Espírito Santo representa a terceira pessoa da Trindade e como Deus está presente por inteiro em cada uma das três pessoas, a inabitação do Espírito Santo nada mais é do que uma aproximação do crente ao *status* de Filho de Deus. Por isso compreende-se facilmente a referência: "Vós sois deuses"[5a]. Esta ação deificante do Espírito Santo terá naturalmente a secundá-la a *imago Dei* presente exclusivamente nos eleitos. E Deus, sob a forma do Espírito Santo, arma a sua tenda no meio dos homens e dentro deles, pois é evidente que Ele tem a intenção de realizar-se progressivamente não só nos descendentes de Adão, como também num número infinitamente grande de crentes, ou talvez na humanidade inteira. Por isso é muito significativo o fato de Barnabé e Paulo terem sido identificados em Listra respectivamente com Zeus e Hermes: "Deuses em forma humana desceram até nós"[6]. Esta era, por certo, a concepção pagã mais ingênua a respeito da transmutação cristã, mas por isso é que ela convence. Parece que era um destes casos que Tertuliano tinha diante dos olhos quando classificava o *deus sublimior* como uma espécie de "alugador da divindade" que "transformou os homens em deuses"[7].

A encarnação de Deus em Cristo precisava ser continuada e complementada, pelo fato de Cristo não ser um homem empírico devido à sua partenogênese e impecabilidade; por isso, como lemos em Jo 1,5,

---

4. Jo 14,16s.
5. Jo 14,26; 16,13.
5a. Cf. nota 2 [N.T.]
6. At 14,11.
7. "Mancipem quendam divinitatis, qui ex hominibus deos fecerit". TERTULIANO, Apologeticus adversus gentes. In: MIGNE, J.P. *Patr. Lat.*, t. 1, col. 386. Paris: Migne, [s.d.].

foi uma luz que brilhou nas trevas mas não foi compreendido por elas. Permaneceu fora e acima do gênero humano. Jó, entretanto, era um homem comum, e por isso, segundo a justiça de Deus, a injustiça praticada contra ele e toda a humanidade só podia ser reparada pela encarnação de Deus em um homem empírico. Este ato de expiação foi realizado pelo Paráclito, pois Deus deve sofrer no homem, da mesma forma que o homem em Deus. Fora disso não há qualquer forma de "reconciliação" entre as duas partes.

658   A ação contínua e direta do Espírito Santo sobre os homens convocados à condição de filhos de Deus é, de fato, uma encarnação que se realiza permanentemente. Enquanto filho gerado por Deus, Cristo é o primogênito ao qual se seguirá um grande número de irmãos nascidos depois dele. Mas estes irmãos não são gerados pelo Espírito Santo, nem nascidos de uma virgem. Isto talvez possa prejudicar o seu *status* metafísico, mas o seu nascimento puramente humano não constituirá ameaça alguma para a sua expectativa de um lugar de honra na corte celeste, como também não reduzirá sua capacidade operativa no que respeita aos milagres. Sua origem inferior (da classe dos mamíferos) em nada impede que eles se situem numa relação de íntimo parentesco com Deus, enquanto Pai, e com Cristo, enquanto irmão. Podemos falar, em sentido figurado, de um "parentesco de sangue", pois eles tomam parte no sangue e na carne de Cristo, o que implica mais do que uma adoção. As mudanças profundas ocorridas no *status* humano foram produzidas diretamente pela *obra redentora* de Cristo. A redenção ou libertação apresenta aspectos diversos, sobretudo, por exemplo, aquele de uma *expiação* pelos delitos morais do gênero humano, fruto da morte sacrifical de Cristo. Seu sangue nos purifica das consequências perniciosas do pecado. Cristo reconcilia Deus com o homem, libertando-o da ira de Deus e da condenação eterna. Percebe-se de imediato que tais figurações de Deus pressupõem sempre Deus Pai sob a figura de um Javé perigoso, o qual, por isso mesmo, deve ser propiciado: a morte dolorosa de seu Filho deve oferecer-lhe satisfação por uma ofensa recebida, uma vez que sofreu um "tort moral" e, no fundo, estaria inclinado a vingar-se dele de maneira terrificante. Deparamos aqui com a desproporção entre o Criador do mundo e suas criaturas que nunca se comportam segundo Ele espera, despertando sua cólera. É como se alguém montasse uma

cultura de bactérias e seu empreendimento falhasse. Tal pessoa poderia esbravejar contra as bactérias, mas não procuraria nelas as causas do fracasso nem as castigaria moralmente por esse motivo. Pelo contrário, escolheria um meio de cultura mais adequado. O procedimento de Javé para com a sua criatura choca-se com as exigências da chamada *razão* "divina", cuja posse é o que deve distinguir o homem do animal bruto. Pode suceder que o bacteriologista erre na escolha do meio de cultura, pois é humano. Mas Deus, com sua onisciência, nunca poderia errar, se consultasse a sua sabedoria divina. Ora, Ele dotou o homem de um certo grau de consciência e lhe conferiu, paralelamente, o dom do livre-arbítrio. Mas tem condições também de saber que, assim procedendo, expõe o homem ao perigo de sucumbir à tentação de uma autonomia perigosa. Isto, na realidade, não representa um risco muito grande, se o homem tivesse de tratar com um Criador apenas bom. Mas Javé faz de conta que não vê o procedimento de seu filho Satanás, a cujas artimanhas até Ele próprio às vezes sucumbe. Diante deste quadro, como poderia esperar que o homem limitado em sua consciência e capacidade de conhecer agisse melhor do que Ele? Também não percebe que o homem, quanto mais consciência possui, tanto mais está separado de seus instintos; estes, pelo menos, lhe conferiam um certo faro em relação à sabedoria de Deus, e, tendo-os afastado, o homem se acha exposto a toda e qualquer possibilidade de erro. Já não está de forma alguma em condições de afrontar as artimanhas de Satanás, e ao que parece nem o seu Criador consegue ou quer pôr um paradeiro à ação desse espírito poderoso.

X

A realidade da "inconsciência" divina projeta uma luz singular sobre a doutrina da redenção: os homens não são libertados de seus pecados, ao serem devidamente batizados e consequentemente purificados, mas do *temor das consequências do pecado, isto é, da ira de Deus. O que a obra da redenção pretende, portanto, é libertar o homem do temor de Deus,* e isto é possível a partir do momento em que a fé no Pai amoroso que enviou seu Filho Unigênito para salvar o gênero humano reprime aquele Javé que evidentemente persiste com seus afetos perigosos. Uma fé deste tipo pressupõe uma falta de reflexão ou um *sacrificium intellectus*, os quais não se sabe se podem ser imputados moralmente ou não. É claro que não podemos esquecer que o próprio Cristo mandou que colocássemos para render os talentos que nos tivessem sido confiados, ao invés de enterrá-los. Não devemos nos fingir de mais tolos e inconscientes do que somos, pois Cristo nos adverte no sentido de sermos atentos, críticos e conscientes de nós mesmos nos demais assuntos, para não "cair em tentação", e examinarmos os "espíritos" que querem influenciar-nos, para vermos "se são de Deus"[1] e, com isto, podermos reconhecer os erros que nós próprios cometemos. Seria preciso, inclusive, uma inteligência sobre-humana, para escaparmos às armadilhas de satanás. É inevitável que estas necessidades agucem a inteligência, bem como o amor pela verdade e o ímpeto para o conhecimento, que tanto podem ser autênticas virtudes humanas, como efeitos da ação daquele Espírito que "tudo enquadrinha, até mesmo as profundezas de Deus"[2]. Estas energias intelectuais e morais também são de natureza divina e, por isso, seu fluxo não pode nem deve ser cortado. É justamente por esse motivo que a observância da moral cristã nos faz cair nos piores conflitos de deveres. Só quem se habituou a não tomar as coisas rigorosamente ao pé da letra estará em condições de escapar deles. O fato de a ética cristã nos levar a conflitos de deveres constitui um argumento a seu favor. Produzindo conflitos insolúveis e, consequentemente, uma certa *afflictio animae*, ela aproxima o indivíduo do conhecimento de Deus: qualquer contraste pertence a Deus e por isso o homem deve tomá-lo sobre si; tão logo o faça, Deus se apossará dele, juntamente com as suas antinomias. O homem é, então, invadido pelo conflito divino. Não é sem fundamento que ligamos a ideia de sofrimento ao estado no qual os contrários se chocam dolorosamente, e temos receio de considerar uma experiência desta natureza como libertação. Entretanto, não podemos negar que o grande símbolo da fé cristã, a cruz, da qual pende a figura sofredora do Redentor, vem sendo exposto de forma impressionante aos olhos do cristão há quase dois mil anos. Este quadro é completado pela presença dos dois malfeitores, um dos quais desce ao inferno e o outro sobe ao paraíso.

---

1. 1Jo 4,1.
2. 1Cor 2,10.

Não se poderia representar melhor a antinomia do símbolo central do cristianismo do que desta forma. É difícil ver como este dado irredutível da psicologia cristã implica um processo de libertação, quando justamente a tomada de consciência do contraste não dá a sensação imediata de estarmos libertados, por mais penoso que seja este conhecimento no momento. Verifica-se, de um lado, o processo de libertação de um estado de inconsciência surda e impotente, e de outro, a tomada de consciência das antinomias divinas, das quais o homem pode tornar-se participante, desde que não se esquive aos golpes da espada separadora que é Cristo. É justamente nos conflitos mais extremos e ameaçadores que o cristão sente o processo de libertação que o conduz à divindade, desde que não seja despedaçado e aceite o peso de ser alguém que foi particularmente escolhido. É deste modo, e somente deste modo, que a *imago Dei*, a encarnação de Deus, se realiza nele. A sétima petição do Pai-nosso: "Mas livrai-nos do mal" deve ser entendida, neste caso, no sentido da súplica feita por Cristo no Getsêmani: "Se for possível, passe de mim este cálice"[3] e isto, em princípio, parece não corresponder ao plano divino de poupar o homem do conflito e, por conseguinte, também do mal. Por isso é muito humano que alguém formule um pedido desta natureza, mas isto não deve ser erigido em norma, pois tal fato significaria um voltar-se contra a vontade de Deus cedendo apenas à fraqueza e ao temor humanos. Mas este temor se justifica, até certo ponto, pois para que o conflito seja completo é preciso que haja dúvida e incerteza quanto à questão de saber se, afinal, não se está exigindo demais do homem.

Como a imagem de Deus domina toda a esfera do humano e é expressa involuntariamente pela humanidade, não estará fora de propósito pensar que o cisma que se implantou na Igreja há quase 400 anos e a divisão do mundo político de hoje em dois campos antagônicos exprimem a antinomia não conhecida do arquétipo dominante.

O conceito tradicional da obra da redenção corresponde a um modo de pensar unilateral, quer o consideremos como puramente humano ou desejado por Deus. Traçamos, acima, um ligeiro esboço do outro ponto de vista segundo o qual a obra da reconciliação não é

---

3. Mt 26,39.

o pagamento de uma dívida, mas a reparação de uma injustiça divina cometida contra o homem. Esta concepção parece-me corresponder melhor às verdadeiras desproporções. O cordeiro pode turvar a água de que se serve o lobo, mas não pode causar nenhum outro dano a este último. Assim, a criatura pode decepcionar o Criador, mas dificilmente será capaz de causar-lhe uma injustiça dolorosa. No entanto, está em poder do Criador fazê-la contra a sua criatura. Mas com isto não estamos cometendo uma injustiça contra a divindade. Muito pior do que isto seria considerar que a única maneira possível de aplacar a ira do Pai tenha sido a de que este submetesse o Filho ao martírio da cruz até a morte. Que Deus seria este que preferisse imolar o próprio Filho a perdoar com magnanimidade as suas criaturas, mal aconselhadas e desencaminhadas por satanás? Que pretenderia demonstrar com este sacrifício cruel e arcaico do Filho? Porventura seu amor? Ou o seu caráter implacável? Sabemos, por Gn 22[4] e Ex 22,29, que Javé tem a tendência de empregar meios, tais como a morte violenta do filho ou do primogênito, como teste, ou para impor sua vontade, embora sua onisciência e onipotência não tenham necessidade de procedimentos assim cruéis, além de dar, com isto, um péssimo exemplo aos poderosos. Compreende-se que uma inteligência ingênua manifeste uma inclinação para evitar tais questões, dourando estas medidas de urgência com o rótulo de *sacrificium intellectus*. Preferindo não ler o Salmo 89, ou, em outras palavras, preferindo tirar o corpo fora, julga com isso que já não terá problemas a resolver. Quem pratica uma fraude poderá cometê-la de novo, apesar de todo o seu autoconhecimento. Mas o autoconhecimento é estimulado pela moral cristã sob a forma do exame de consciência. Foram pessoas muito piedosas que afirmaram que o autoconhecimento abre o caminho para o conhecimento de Deus.

XI

662   A crença em Deus como o *Summum Bonum* é impossível para uma consciência reflexiva. Ela não se sente absolutamente liberta

---

4. Abraão e Isaac.

do temor de Deus e por isso se pergunta, e com razão, que significado Cristo tem para ela. Eis na verdade a grande questão: podemos interpretar Cristo ainda hoje ou devemos contentar-nos com a explicação histórica?

Uma coisa me parece fora de dúvida: Cristo é uma figura extremamente numinosa. Com isto concordam aqueles que o interpretam como Deus e Filho de Deus. O antigo ponto de vista, que se apoia em um conceito próprio, afirma que Ele veio ao mundo para salvar o homem ameaçado por Deus; que sofreu e morreu. Além disso, sua ressurreição corporal significa que todos os filhos de Deus devem estar certos deste mesmo futuro.

663

Já indicamos, de modo suficiente, quão estranha nos parece a ação libertadora de Deus. Na verdade, Ele não faz outra coisa senão salvar a humanidade de si própria, a figura de seu Filho. Esta ideia é tão extravagante e divertida, quanto a antiga concepção rabínica a respeito de Javé, segundo a qual este esconderia os justos da sua cólera, debaixo de seu próprio trono, onde não os pudesse ver. Seria então como se Deus Pai fosse um Deus diferente e distinto de seu Filho, o que, de modo algum, é admitido. Também não há uma necessidade psicológica que nos leve a semelhante hipótese, pois basta o estado irreflexo da consciência divina para explicar seu estranho comportamento. Por isso o temor de Deus é considerado, e com razão, o princípio de toda sabedoria*. Por outro lado, não se pode conceber a bondade, o amor e a justiça de Deus, tão exaltados e louvados, como simples atos de propiciação, mas é preciso reconhecê-los como experiência autêntica, pois Deus é uma *coincidentia oppositorum*. Tanto o *amor como o temor de Deus* são legítimos.

664

Para uma consciência mais diferenciada deve ser difícil, a longo prazo, amar um Deus como pai bondoso que deve também ser temido por causa de suas cóleras bruscas e imprevisíveis, de sua instabilidade, injustiça e crueldade. A decadência dos deuses da antiguidade clássica mostrou, à saciedade, que o homem não aprecia as incoerências e as fraquezas demasiado humanas de seus deuses. Parece, portanto, que a derrota moral de Javé em relação a Jó teve suas conse-

665

---

* Pr 1,7; 9,10 [N.T.].

quências ocultas: de um lado, a exaltação não premeditada do homem, e de outro, a inquietação do inconsciente. O primeiro destes acontecimentos consiste antes de tudo em um mero fato não percebido no plano da consciência, mas que foi registrado pelo inconsciente. Isto representa igualmente um dos motivos de inquietação do inconsciente, pois desta forma ele recebeu um maior grau de potencialidade em relação à consciência: o *homem é mais ele no inconsciente do que na consciência*. Com isto se estabelece um desnível entre o inconsciente e a consciência, e o inconsciente irrompe na consciência sob a forma de sonhos, visões e revelações. Infelizmente não se tem certeza acerca da data em que surgiu o livro de Jó. Ele aparece, como já dissemos, no período que vai de 600 a 300 a.C. Na primeira metade do século VI[1] surge Ezequiel, o profeta dos assim chamados traços "patológicos", como se classificam suas visões em linguagem leiga. Como psiquiatra devo enfatizar expressamente que as visões e os fenômenos concomitantes não podem ser considerados, sem um exame crítico, como patológicos. Do mesmo modo que o sonho, a visão também é um acontecimento raro, embora natural, e só pode ser classificada de "patológica" quando sua natureza doentia for comprovada. Consideradas de um ponto de vista puramente clínico, as visões de Ezequiel são de natureza arquetípicas e de maneira alguma patologicamente desfiguradas. Não há motivos para considerá-las doentias[2]. Elas são indícios de que já havia um inconsciente separado, de algum modo, da consciência. A primeira grande visão é constituída de duas quaternidades bem ordenadas e combinadas entre si, verdadeiras representações da totalidade, tais como as que observamos ainda hoje, muitas vezes, sob a forma de fenômenos espontâneos. Sua "quinta essentia" foi expressa numa "figura com semblante de homem"[3]. Ezequiel contemplou aquilo que constitui o conteúdo essencial do inconsciente, ou seja, a *ideia do homem superior,* ao qual Javé sucumbiu moralmente e no qual ele quis mais tarde se tornar.

---

1. A visão de sua vocação cai no ano de 592 a.C.

2. É um erro puro e simples supor que uma visão é, *eo ipso*, de natureza patológica. Ela ocorre, mas não é frequente, nem muito rara em pessoas normais.

3. Ez 1,26.

Um outro sintoma que surge quase contemporaneamente na Índia, apresentando a mesma tendência, é a figura de Buda (nascido em 562 a.C.) que atribuía a supremacia sobre os deuses bramânicos ao máximo grau de diferenciação da consciência. Esta evolução constitui uma consequência da doutrina do atmanpurusha e provém da experiência interior resultante da prática do ioga.

Ezequiel expressou, no símbolo, a aproximação de Javé em relação ao homem, fato este que Jó experimentou interiormente, mas do qual provavelmente não tomou consciência: sua consciência era superior à de Javé e por isso Javé quis tornar-se homem. É também em Ezequiel que aparece, pela primeira vez, o título de "filho do homem" com o qual Javé se dirige significativamente ao profeta, querendo indicar-lhe talvez desse modo que ele é filho do "Homem" que está no trono, num prefiguração da revelação posterior de Cristo. Por isso os quatro serafins que cercam o trono de Deus se tornam, e com toda a razão, os emblemas designativos dos evangelistas; eles formam a quaternidade que exprime a totalidade de Cristo, do mesmo modo que os evangelistas representam as quatro colunas do templo.

A inquietação do inconsciente perdura por vários séculos. Daniel (cerca de 165 a.C.) tem uma visão em que aparecem quatro animais e o "Ancião dos dias" do qual se aproximou um "ser semelhante ao Filho do Homem, vindo sobre as nuvens do céu"[4]. O "Filho do Homem", aqui, não é o profeta, mas um dos filhos do "Ancião dos dias", ao qual cabe a tarefa de rejuvenescer o Pai.

Mais pormenorizado é o livro de Henoc, cuja data de origem deve ser procurada em torno de 100 a.C. Este livro traz um relato bastante ilustrativo sobre a expulsão prefiguradora dos filhos de Deus para o mundo dos homens, à qual se deu o nome de "queda dos anjos". Enquanto, segundo o Gênesis[5], Javé decidia que o seu espírito não habitaria mais nos homens, por muitos séculos, sobre a face da terra, como o fizera até então, os filhos de Deus se enamoravam (compensatoriamente!) das belas filhas dos homens. Este acontecimento ocorreu na época dos gigantes. Henoc informa que 200 anjos

---

4. Dn 7,13.
5. Gn 6,3s.

desceram à terra, sob a chefia de Semiasa, depois de haverem jurado uns aos outros que tomariam as filhas dos homens por mulheres, e com elas geraram gigantes de 3000 côvados de estatura[6]. Dentre os anjos, Asasel se distinguia de modo particular, e todos ensinaram as ciências e as artes aos homens. Eles constituíram elementos particularmente progressistas que ampliaram e desenvolveram a consciência humana, assim como antes o perverso Caim havia representado o progresso em relação a Abel. Com isto os anjos aumentaram, até às raias do "gigantesco", o significado do homem, fato este que é o indício de uma inflação da consciência civilizada de então. Mas uma inflação acha-se sempre ameaçada por um contragolpe do inconsciente: e este ocorreu, em seguida, sob a forma do dilúvio. Antes, porém, os gigantes "devoraram" "os bens dos homens", e depois começaram a comer os próprios homens, enquanto estes, por sua vez, devoraram os animais, de modo que "a terra se queixou das injustiças cometidas"[7].

670   A invasão do mundo dos homens pelos filhos de Deus acarretou, portanto, consequências graves que bem explicam as medidas de precaução tomadas por Javé antes desse acontecimento. O homem não estava, nem de longe, à altura da superioridade divina. É, portanto, de máximo interesse procurar ver como Javé se comportou neste caso. Quando nada menos de 200 filhos de Deus deixaram a corte real paterna para fazer experiências no mundo dos homens, não se tratava de um negócio sem importância na economia celeste, como demonstra a sentença draconiana posteriormente decretada. Era provável que esta *sortie en masse* não demorasse a ser conhecida (independentemente da consciência divina). Mas nada disto aconteceu. Só muito tempo depois, quando os gigantes já tinham sido gerados e se preparavam para matar os homens e comê-los, é que quatro anjos ouviram casualmente o grito lamentoso dos homens e descobriram o que estava acontecendo na terra. Não se sabe o que é mais digno de espanto: se a fraca organização dos coros angélicos ou a falta de informação no céu. De qualquer modo, desta vez os arcanjos se sentiram na obrigação de apresentar-se a Deus e dizer-lhe: "Tudo está cla-

---

6. Henoc 7,2 [Esta citação do livro de Henoc foi tirada de KAUTZSCH, E. *Die Apokryphen und Pseudepigraphen des Alten Testaments*. Tübingen: [s.e.], 1900].
7. Ibid., 7,3-6.

ro e diante de teus olhos. Vês tudo e nada te é oculto. Viste o que Asasel fez, e como ensinou toda espécie de injustiças na terra e revelou os mistérios celestes, existentes desde os tempos antigos... Semiasa, a quem concedeste reinar sobre os seus companheiros, ensinou a tramar conspirações. Mas sabes tudo antes mesmo que aconteça. *Estás vendo e, no entanto, deixas que eles continuem a agir e não nos dizes o que devemos fazer com eles por causa do seu procedimento"*[8].

Ou o que os anjos dizem é falso, ou Javé, incompreensivelmente, não tirou qualquer conclusão de sua onisciência, ou os anjos deviam ficar sabendo que ele preferiu, mais uma vez, não tomar conhecimento de sua onisciência. Seja como for, sua intervenção provocou apenas uma reação mais ampla, e não uma punição realmente justa; logo em seguida Ele afoga toda criatura sofredora nas águas do dilúvio, com exceção de Noé e dos membros de sua família. Este intermezzo mostra-nos que os filhos de Deus são, de algum modo, mais vigilantes, mais progressistas e mais oniscientes do que seu pai, e por isso tanto mais profunda deve ser considerada a transformação que se operou posteriormente em Javé. Com efeito, as preparações para a sua encarnação nos dão a impressão de que Ele aprendeu, com a experiência, a entregar-se à sua obra de modo mais consciente do que antes. A recordação da Sofia certamente deve ter contribuído para este maior grau de consciência. Paralelamente a este fato, vai-se tornando mais explícita a revelação da sua estrutura metafísica. Enquanto que em Ezequiel e Daniel encontramos apenas alusões à quaternidade e ao Filho do Homem, Henoc dá-nos relatos detalhados e claros sobre este ponto. O mundo inferior, que é uma espécie de Hades, acha-se dividido em quatro regiões ou espaços destinados à permanência dos espíritos dos mortos até o dia do juízo final. Três destes compartimentos são escuros, e somente um é luminoso e contém uma "fonte de águas luminosas"[9]. É o recinto destinado aos justos.

Com expressões deste teor caímos em um terreno decididamente psicológico, isto é, no simbolismo das mandalas, ao qual pertencem também as proporções 1:3 e 3:4. O Hades quadripartido de He-

---

8. Ibid., 9,5-11.
9. Ibid., 22,1-9.

noc corresponde a uma quaternidade ctônica que talvez seja lícito conceber como estando sempre em oposição a uma quaternidade pneumática ou celeste. A primeira destas quaternidades corresponde, na alquimia, ao quatérnio dos elementos e a segunda a um aspecto múltiplo, ou à totalidade da divindade, como, por exemplo, Barbelo, Colorbas, Mercurius Quadratus ou os deuses de quatro faces.

673 Henoc, na realidade, vê as quatro "faces" de Deus. Três delas ocupam-se com o louvor, a oração e a súplica, enquanto que a quarta "afasta os satanases, impedindo-os de aparecerem diante do Senhor dos espíritos para acusarem os habitantes da terra"[10].

674 Esta visão constitui uma diferenciação substancial ocorrida na imagem divina: Deus tem quatro faces ou quatro anjos da presença, isto é, quatro hipóstases ou emanações, das quais uma, como vimos acima, se ocupa exclusivamente em manter afastado o filho mais velho de Deus, isto é, Satanás, agora multiplicado, impedindo assim que faça outras experiências no estilo daquelas do livro de Jó[11]. Os satanases se encontram ainda no âmbito celeste, pois ainda não se deu a queda de Satanás. As proporções mencionadas acima estão indicadas no fato de que há três anjos que exercem funções sagradas, enquanto o quarto é guerreiro, tendo como tarefa manter Satanás afastado.

675 Esta quaternidade é de natureza decididamente pneumática, e por isso mesmo expressa por meio dos anjos, os quais, na maior parte dos casos, são representados sob a forma de seres alados; são seres aéreos, o que é tanto mais provável, quanto é quase certo que derivam dos quatro serafins de Ezequiel[12]. O fato de a referida quaternidade estar dividida em duas partes distintas, uma em cima e outra embaixo, é indício de que se deu uma cisão metafísica e de que os satanases foram afastados da corte celeste. Mas a cisão pleromática, por seu lado, é sintoma de uma outra cisão, e esta muito mais ampla, operada na vontade divina: o Pai quer tornar-se Filho, Deus quer tornar-se Homem, o amoral quer tornar-se exclusivamente bom e o in-

---

10. Ibid., 40,7.
11. De modo semelhante no cap. 87s. Três dos quatro "seres semelhantes a homens brancos" conduzem Henoc, enquanto outro acorrenta uma estrela e a lança no abismo.
12. Três têm face de animais e um, face de homem.

consciente, conscientemente responsável. Mas tudo isto somente *in statu nascendi*.

O inconsciente de Henoc foi enormemente exercitado por esses acontecimentos e por isso revela seus conteúdos em visões apocalípticas. Além do mais, ele o incita a fazer a "peregrinatio", ou seja, a viagem aos quatro pontos cardeais e ao centro da terra, traçando, assim, com os seus sofrimentos, um mandala, em conformidade com as "viagens" dos filósofos alquimistas e as fantasias correspondentes do consciente moderno. 676

Quando Javé interpelava Ezequiel, chamando-o de "filho do Homem", tratava-se apenas de uma alusão obscura e incompreensível. No caso presente, as coisas se tornam claras: Henoc, o homem, não só recebe a revelação divina, mas também é incluído no drama divino, como se fosse, no mínimo, um dos filhos de Deus. Parece-me que isto só pode entender-se no sentido de que a criatura humana é mergulhada no acontecimento pleromático e como que nele batizado e tornada participante da quaternidade divina (ou seja, crucificada juntamente com Cristo), enquanto que Deus se prepara para tornar-se homem. Por isso, ainda hoje, no rito da *benedictio fontis*, o sacerdote divide a água em quatro partes, traçando dentro dela uma cruz com as mãos e em seguida derramando um pouco dessa água em direção aos quatro pontos cardeais. 677

Henoc aparece de tal modo dominado e influenciado pelo drama divino, que quase se pode esperar da parte dele uma concepção toda particular a respeito da futura encarnação de Deus: o "filho do Homem" que aparece junto ao "Ancião dos dias" é semelhante a um anjo (isto é, a um filho de Deus). É aquele "que detém a justiça e junto ao qual habita a justiça, pois o Senhor dos espíritos o escolheu e a sua sorte superou todas as coisas... com a sua retidão"[13]. Mas é por mero acaso que se exalta tanto a justiça, pois trata-se daquela qualidade que falta a Javé, fato este que não passou despercebido a um homem como o autor do livro de Henoc. Durante o reinado do filho do Homem a "oração dos justos será atendida e o sangue dos justos será vin- 678

---

13. Henoc 46,1-3.

gado na presença do Senhor dos espíritos"[14]. Henoc vê também uma "fonte de justiça que nunca se exauria"[15]. O filho do Homem "será um bastão [de apoio] para os justos e os santos [...] Ele foi escolhido para este fim e escondido na presença de Deus, antes mesmo da criação do mundo, e (estará) em sua presença por toda a eternidade. A sabedoria do Senhor dos espíritos revelou-o, pois ele protege a sorte dos justos"[16]. "Porque a sabedoria foi infundida como a água... Pois ele domina todos os segredos da justiça, e a injustiça passará como uma sombra [...] Nele habita o espírito divino e o espírito daquele que dá a inteligência, e também o espírito da doutrina e da força [...]"[17]

679 Durante o reinado do Filho do Homem "a terra restituirá aqueles que foram recebidos por ela, e o cheol também devolverá o que recebeu em seu seio, e o inferno[18] entregará o que deve... Naqueles dias o eleito estará sentado em meu trono e de sua boca emanarão todos os segredos da sabedoria"[19].

680 "Todos se transformarão em anjos do céu"[20]. Asasel e seu bando serão lançados na fornalha ardente, porque "se sujeitaram a Satanás e seduziram os habitantes da terra"[21].

681 O Filho do Homem julgará todas as criaturas, no final dos tempos. As próprias trevas serão destruídas e a "luz inextinguível"[22]. Mesmo as duas peças de acusação contra Javé deverão morrer: Leviatã e Beemot serão feitos em pedaços e devorados. O anjo revelador interpela Henoc nesta passagem[23], usando o título de "filho do homem", mais um indício de que ele, tal como Ezequiel, é assimilado pelo misté-

---

14. Ibid., 47,4.
15. Ibid., 48,1.
16. Ibid., 48,4.6-7.
17. Ibid., 49,1-3.
18. Sinônimo de cheol.
19. Henoc 51,1.3.
20. Ibid., 51,4
21. Ibid., 54,6. Aqui, porém, ficamos sabendo que o êxodo dos duzentos anjos foi um golpe de satanás.
22. Henoc 58,6.
23. Ibid., 60,10.

rio divino ou, mais precisamente, nele inserido o que, aliás, já é indicado pelo simples fato de ser testemunha desse mistério. Henoc é arrebatado e toma assento no céu. No "céu dos céus" vê a casa de Deus feita de cristal e circundada por uma torrente de fogo e guardada por seres alados que jamais dormem[24]. O "ancião", acompanhado da quaternidade (Miguel, Gabriel, Rafael e Fanuel), sai de casa e fala com Ele, dizendo-lhe: "Tu és o filho do Homem; nasceste para a justiça; a justiça habita sobre ti, e a justiça do ancião-chefe não te abandonará"[25].

Digno de nota é o fato de o Filho do Homem e seu significado estarem invariavelmente associados à justiça. Ela parece constituir o tema dominante e a preocupação principal. Uma enfatização desta natureza só tem sentido onde a injustiça é uma ameaça ou já foi praticada. Somente Deus, e mais ninguém, pode distribuir a justiça de maneira notável, e é precisamente em relação a ele que existe o medo de que venha a esquecer-se de sua justiça. Neste caso, o seu Filho justo estaria defendendo os homens junto a Ele. E com isto "os justos terão a paz"[26]. A justiça que reinará sob o Filho acha-se de tal modo enfatizada, que se tem a impressão de que a injustiça teve a primazia nos tempos de outrora, sob o domínio do Pai, e que somente com o Filho se teria iniciado uma era de justiça. É como se, com tais afirmações, Henoc estivesse inconscientemente respondendo a Jó.

A ênfase dada à idade de Deus está ligada logicamente à existência de um Filho, mas também insinua que Ele se retirará um pouco para o segundo plano e deixará o governo do mundo dos homens cada vez mais nas mãos do Filho, esperando, então, que surja daí uma ordem mais justa. De tudo isto se conclui que há um trauma psicológico, ou seja, a lembrança de uma injustiça clamorosa que continua a atuar em alguma parte, perturbando a relação de confiança entre os homens e Deus. O próprio Deus quer tornar-se Filho, para substituir o Pai. Este Filho, como já vimos à saciedade, deverá ser *absolutamente justo*, antes de qualquer outra virtude. Deus e o homem querem escapar da injustiça cega.

---

24. Ibid., 71,5-7.
25. Ibid., 71,14.
26. Ibid., 71,17.

684   Henoc se reconhece, no êxtase, como filho do homem e como filho de Deus, embora não pareça que tenha sido escolhido pelo nascimento ou predestinação[27]. Ele experimenta aquela exaltação divina que apenas conjecturamos no caso de Jó, ou deduzimos como inevitável. O próprio Jó pressente que existe algo de semelhante, ao confessar: "Eu sei que meu defensor está vivo"[28]. Esta estranhíssima afirmação, feita naquelas circunstâncias, só pode referir-se ao Javé bondoso. Mas a interpretação cristã tradicional desta passagem, no sentido de uma antecipação de Cristo, é legítima, na medida em que o aspecto benevolente de Javé, como hipóstase que lhe é própria, se encarna no Filho do Homem, e este surge como o defensor da justiça em Jó e como o justificador do homem, no cristianismo. O Filho do Homem, além disso, é um ser preexistente e por isso Jó pode, sem dúvida, apelar para Ele. Cristo, o outro Filho de Deus, exerce o papel de advogado e defensor, da mesma forma que Satanás, o de acusador e caluniador.

685   Apesar da contradição que isto implica, houve quem quisesse ver (compreensivelmente) interpolações cristãs nestas figurações messiânicas de Henoc. Mas por razões psicológicas tal suspeita é injustificada. Para isto, basta imaginarmos o que a injustiça ou mesmo a amoralidade de Javé deveriam representar para o pensador justo e bondoso. Era coisa extremamente difícil assumir o peso de uma concepção como esta a respeito de Deus. Uma testemunha tardia nos relata que um sábio piedoso não conseguia ler o Salmo 89, *porque isto lhe era demasiado penoso*. Se considerarmos a intensidade e a exclusividade com que, não apenas o ensinamento de Cristo, mas também a doutrina da Igreja dos séculos subsequentes até os nossos dias, defenderam a bondade do Pai amoroso que está nos céus, a libertação do medo, o *Summum Bonum* e a *privatio boni*, poderemos avaliar a incongruência que a figura de Javé representa e como uma situação paradoxal desta natureza parece insuportável à consciência religiosa. Provavelmente deve ter sido assim desde os dias de Jó.

---

27. O autor do livro de Henoc escolheu para herói de sua exposição a Henoc, filho de Jared, o "sétimo filho de Adão", que "andou com Deus" e não morreu, mas simplesmente desapareceu, isto é, foi arrebatado por Deus ("...e já não é mais, pois Deus o levou" – Gn 5,24).

28. Jó 19,25.

A instabilidade interior de Javé é condição preliminar não só 686
para a criação do mundo como também para o drama pleromático,
cujo coro trágico é constituído pela humanidade. O confronto com a
criatura transforma o Criador. Desde o século VI encontramos, de
forma crescente, no Antigo Testamento, os vestígios desta evolução.
Os dois primeiros pontos são constituídos, de um lado, pela tragédia
de Jó e, de outro, pela revelação de Ezequiel. Jó é o sofredor sem causa justa, ao passo que Ezequiel contempla o processo de humanização
e de diferenciação que se opera em Javé, e com o título de "filho do
Homem" lhe é indicado que a encarnação e a quaternidade de Deus
constituem, por assim dizer, o modelo pleromático deste processo.
Isto acontecerá ao homem em geral, e não apenas ao Filho do Homem antevisto desde toda a eternidade, com a transformação e a encarnação de Deus. Tal fato já se realiza na antecipação intuitiva de
Henoc. Este se torna, extaticamente, o filho do homem no pleroma,
e seu arrebatamento no carro (como Elias) prefigura a ressurreição
dos mortos. Para cumprir bem o seu papel de distribuidor da justiça,
deve situar-se na proximidade imediata de Deus, e como filho do homem preexistente não pode estar sujeito à morte. Mas como era homem comum e mortal, outros mortais também poderão ter a mesma
visão de Deus que Ele e podem chegar à consciência de que estão salvos, sendo, por isso, imortais.

Todas estas ideias poderiam ter-se tornado conscientes desde en- 687
tão, dadas as condições preliminares que existiam; bastaria que alguém tivesse refletido um pouco mais profundamente sobre elas.
Não havia necessidade de interpolações neste sentido. O livro de Jó
antecipa em grande estilo, mas tudo paira no ar como pura revelação
que não atingiu o solo em parte alguma. Diante de tal quadro é fácil
compreender que o cristianismo tenha irrompido, segundo sempre
se diz, como fator absolutamente novo na história universal. Se jamais houve alguma coisa que tenha sido preparada historicamente,
produzida e sustentada pelas concepções já existentes no mundo circunstante, um exemplo flagrante de tal ocorrência é o cristianismo.

XII

Jesus surge primeiramente como reformador judeu e como pro- 688
feta de um Deus exclusivamente bom. Com isto Ele salva a relação

religiosa ameaçada. Sob este aspecto, Ele aparece, de fato, como o σωτήρ (salvador). Preserva a humanidade de perder a comunhão com Deus e mergulhar na pura consciência a sua "racionalidade". Isto equivaleria a uma dissociação entre a consciência e o inconsciente, ou seja, a um estado não natural e patológico, uma espécie daquilo a que se deu o nome de "perda da alma", pela qual o homem se sente permanentemente ameaçado desde tempos imemoriais. O homem se acha de modo contínuo e crescente exposto ao perigo de perder de vista os dados concretos da psique, pensando que é capaz de dominar tudo, apenas com a vontade e a razão; deste modo se engana em seus cálculos e previsões. Tal fato aparece com toda a clareza em tendências sociais e políticas tais como o socialismo e o comunismo: sob o primeiro, é o Estado que sofre e sob o segundo, o homem.

689 Jesus traduziu a tradição anterior a Ele para a sua realidade pessoal e anunciou a boa-nova. "Deus se compraz na humanidade. Ele é um Pai amoroso e vos ama como eu vos amo, e enviou-me como seu Filho para libertar-vos da culpa." O próprio Jesus se oferece como vítima de propiciação que nos trará a reconciliação com Deus. Quanto mais desejável é uma relação de confiança entre Deus e o homem, tanto mais se faz notar a sede de vingança e o caráter irreconciliável de Javé com respeito à sua criatura. De Deus, enquanto Pai de bondade, que é o próprio amor, esperar-se-ia um perdão todo feito de compreensão. Por isso causa-nos uma espécie de choque inesperado ver que aquele que é sumamente bom faz pagar este ato de graça com um sacrifício humano, e mais ainda, por meio da morte de seu próprio Filho. Tem-se a impressão de que Cristo ignorou este anticlímax; de qualquer modo, os séculos subsequentes o admitiram, sem contradição. É preciso não esquecer que o Deus da bondade é de tal modo irreconciliável, que só pode ser aplacado com um sacrifício humano. Isto cria uma situação insuportável que hoje em dia simplesmente não se aceita, pois é preciso ser cego para não ver a luz crua que incide sobre o caráter divino e desmente essa conversa fiada de amor e *Summum Bonum*.

690 Cristo se apresenta como o mediador sob dois pontos de vista: primeiramente, ele apoia o homem junto a Deus e acalma o medo que se sente em relação a este ser supremo. Ocupa importante posição entre os dois extremos difíceis de conciliar, ou seja, *Deus e o homem*. É claro que o ponto focal do drama divino se desloca para o

Homem-Deus, na sua qualidade de mediador. A ele não falta nem o lado humano, nem o lado divino, e por isso há muito foi designado por símbolos de totalidade, pelo fato de ser concebido como aquele que tudo abarca e une os contrários. Também foi adjudicada a quaternidade do Filho do Homem, que indica uma consciência diferenciada (cf. a cruz e o Tetramorfo). Isto corresponde, de modo geral, ao modelo de Henoc, mas com uma diferença importante: Ezequiel e Henoc têm, ambos, o título de "filho do homem", mas são homens comuns, ao passo que Cristo, pela própria origem[1], geração e nascimento, é um herói e semideus no sentido empregado pela Antiguidade clássica. Foi gerado originalmente pelo Espírito Santo. Não é homem criado e por isso não tem inclinação para o pecado. Nele, a infecção do mal foi eliminada pela preparação da encarnação. Cristo, portanto, acha-se mais do lado divino do que do lado humano. Encarna de modo exclusivo a boa vontade de Deus, e por isso não ocupa exatamente o centro, pois aquilo que é essencial ao homem-criatura, isto é, o pecado, não o atinge. O pecado foi introduzido originalmente na criação por Satanás a partir da corte celeste, fato este que acendeu a ira de Deus de tal modo que foi preciso afinal sacrificar seu próprio Filho, para que se pudesse aplacá-lo. É estranho que Ele não tenha afastado sobretudo Satanás de seu círculo de relações. No livro de Henoc é um anjo que recebe o encargo de afastar de Javé as insinuações satânicas, e somente no fim dos tempos é que Satanás será aprisionado como estrela[2] e lançado ao abismo e em seguida aniquilado (não no Apocalipse de João, onde Satanás será mantido vivo em seu próprio elemento).

Embora se admita universalmente que o sacrifico único de Cristo rompeu a maldição do pecado original e aplacou Deus de modo definitivo, parece que Cristo teve algumas preocupações a este respeito. Que acontecerá aos homens e, de modo particular, aos adeptos de

691

---

1. Maria é diferente dos outros mortais já em decorrência da *conceptio immaculata*, e esta diferença é ainda mais reforçada pela *Assumptio*.
2. Presumivelmente como "estrela da manhã" (cf., sobre isto, Ap 2,28; 22,16). Trata-se do planeta Vênus com suas implicações psicológicas e não de um dos *malefici* (maléficos), Saturno ou Marte.

Cristo, quando o rebanho perder o seu pastor e sentir a falta daquele que o defendeu junto ao Pai? Ele assegura aos seus discípulos que estará presente, e inclusive dentro deles. Mas isto ainda não lhe parece suficiente, e Ele promete enviar-lhes da parte de Deus, para substituí-lo, um παράχλητος (advogado, defensor), que os assistirá com sua presença e seus conselhos e com eles ficará eternamente[3]. Diante disso, seria lícito admitir que a situação não se acha ainda de todo esclarecida, além de qualquer dúvida, ou seja, ainda subsiste um fator de incerteza.

692   Mas o envio do Paráclito ainda possui um outro aspecto. Este Espírito da verdade e do conhecimento é o Espírito Santo pelo qual Cristo foi gerado. É o Espírito da geração física e espiritual, que, a partir de então, deve fixar sua morada no homem criatura, e como é a terceira pessoa da divindade, significa que *Deus foi gerado no homem criatura*. Este fato denota que houve uma grande mudança no *status* do homem, pois de certo modo o eleva à condição de filho e de Homem-Deus. Isto torna real a prefiguração contida em Ezequiel e Henoc onde, como vimos, o título de "filho do homem" é conferido a homens criaturas. Este evento coloca o homem, apesar do pecado que lhe é inerente, na posição de mediador entre Deus e a criatura. Parece que Cristo anteviu esta imensa possibilidade, ao dizer: "Quem crê em mim também fará as obras que eu faço. E fará maiores ainda do que essas"[4], e também ao recordar a passagem do Salmo (82,6): "pois bem, eu vos disse: Sois deuses; sois todos filhos do Altíssimo", acrescentando logo depois a este respeito: "A Escritura não pode ser anulada"[5].

693   A futura inabitação do Espírito Santo nos homens equivale a uma progressiva e continuada encarnação de Deus. Cristo, enquanto Filho de Deus gerado e enquanto mediador preexistente, é um primogênito e um paradigma divino que será seguido por outras encarnações do Espírito Santo no homem concreto e real. Mas este homem participa do lado obscuro do mundo. Por isso, com a morte de Cristo, cria-se uma situação que parece causar preocupações. De fato, no curso da encarnação, o aspecto tenebroso e o mal foram sempre e por toda parte cui-

---

3. Jo 14,16.
4. Jo 14,12.
5. Jo 10,35.

dadosamente excluídos. A transformação de Henoc em filho do homem se opera em plena luz, e isto acontece de modo mais acentuado ainda na encarnação de Cristo. É improvável que a ligação entre Deus e o homem se rompa com a morte de Cristo. Pelo contrário, a continuidade desta relação é constantemente enfatizada e confirmada abundantemente, depois, com o envio do Paráclito. Mas quanto mais estreita vai se tornando esta ligação, mais próximo se torna o momento do choque com o mal. O que era apenas um pressentimento vago transforma-se na expectativa de que a manifestação luminosa será seguida de uma manifestação tenebrosa correspondente e que Cristo será seguido pelo Anticristo. Diante da situação metafísica existente não se deveria, a rigor, esperar que surgisse opinião desta natureza, pois o poder do mal foi supostamente vencido; não seria lícito, portanto, supor que depois da obra de Salvação tão amplamente realizada por Cristo, um Pai amoroso fosse capaz de soltar novamente o seu perverso cão de guarda sobre os próprios filhos, desprezando tudo o que se passou. Por que esta enervante tolerância em relação a Satanás? Como explicar a projeção obstinada do mal sobre os homens que Ele próprio criou tão fracos, influenciáveis e tolos, e que não têm, naturalmente, condições de suportar por muito tempo as investidas de seu filho mau? Por que não atacar o mal pela raiz?

A boa vontade de Deus gerou um Filho bom e benfazejo e criou a respeito de si a imagem de um Pai cheio de bondade; infelizmente – e aqui é preciso dizê-lo – sem levar em consideração o fato de que já se sabia que a verdade era bem outra. Se tivesse percebido e se conhecido a si mesmo, forçosamente teria visto em que tipo de dissociação incidira com sua encarnação. Até que ponto chegou seu lado tenebroso, graças ao qual Satanás sempre escapou ao castigo merecido? Acredita Ele, porventura, que se transformou totalmente e que abandonou seu caráter amoral? Mesmo seu próprio Filho não confiou inteiramente nele, sob este ponto de vista. E eis que Ele envia agora o Espírito da Verdade aos homens, os quais, com a ajuda deste, não tardarão a descobrir o que se deve esperar quando Deus se encarna apenas em seu aspecto luminoso, acreditando ser o próprio bem ou pelo menos desejando ser considerado como tal. O que se deve esperar é uma enantiodromia em grande estilo. Parece-me que é este o sentido da expectativa do Anticristo, que talvez devemos justamente à atuação do "Espírito da Verdade".

694

695   Metafisicamente falando, o Paráclito era da máxima importância, mas sumamente indesejado para a organização da Igreja, pois Ele se subtrai a qualquer controle, apelando inclusive para a autoridade da Escritura. Pelo contrário, deve-se enfatizar energicamente, no interesse da continuidade e da Igreja, a singularidade e unicidade da encarnação e da obra redentora, na mesma proporção em que se desencoraja e se ignora, tanto quanto possível, a progressiva e continuada inabitação do Espírito Santo nos homens. Já não se pode mais tolerar outras digressões de caráter individualista. Quem se sente movido interiormente pelo Espírito Santo a abraçar opiniões divergentes torna-se um hereje, cujo combate e erradicação resultam tão agradáveis a Satanás. Por outro lado, porém, é preciso compreender que, se todos tivessem procurado impor aos demais suas próprias intuições a respeito do Espírito Santo, para corrigir a doutrina comumente aceita, provavelmente o cristianismo teria sucumbido em pouco tempo sob uma confusão babélica de línguas – perigo este que o espreitava ameaçadoramente.

696   O Paráclito, o "Espírito da Verdade", tem como tarefa habitar os indivíduos humanos e fazer com que eles se recordem dos ensinamentos de Cristo e conduzi-los à claridade total do conhecimento. Um belo exemplo desta ação do Espírito Santo é Paulo, que não conheceu pessoalmente o Senhor e recebeu seu evangelho por revelação e não diretamente dos Apóstolos. Paulo é do número daqueles cujo inconsciente se achava inquieto e provocava êxtases reveladores. A presença do Espírito Santo mostra-se no fato de produzir efeitos que confirmam o que já existe, mas vão muito além disso. Assim, nas expressões de Cristo já se encontram indícios de ideias que ultrapassam de muito os limites do tradicionalmente "cristão"; assim, por exemplo, a parábola do administrador infiel, cuja moral coincide com a do "logion" do *Codex Bezae*[6] e revela um ponto de vista ético diverso do que se esperava. O critério moral, aqui, é a *consciência reflexa* e não a lei, nem a convenção. Poderíamos citar também o fato estranho de ser justamente a Pedro, que tem tão pouco controle sobre si mesmo e possui um caráter tão instável, que Cristo escolheu

---

6. Uma interpolação apócrifa de Lc 6,41 ("Ó homem, se sabes o que estás fazendo, és feliz; se, porém, não sabes o que estás fazendo, és um maldito e um transgressor da lei"), *Codex Bezae Cantabrigiensis*, org. por E.H. Scrivener, 1864.

como rocha e fundamento de sua Igreja. Tais traços parecem apontar para a inclusão do mal em um modo de pensar moralmente diferenciador. Bom, por exemplo, é ocultar-se racionalmente o mal; má é a inconsciência do agir. Quase se poderia afirmar que tais opiniões anteveem uma época em que o mal será levado em conta, juntamente com o bem, isto é, o mal não será mais reprimido "a limine", na suposição indubitável de que todos sabem perfeitamente em que consiste.

Parece que a expectativa do Anticristo também é uma revelação ou descoberta progressiva, bem como a constatação notável de que o diabo, apesar da queda e do exílio, continua "Senhor do mundo" e instalado no ar que a tudo envolve. Apesar dos seus crimes e da obra divina de redenção da raça humana, continua a ocupar uma posição de força, em cuja esfera caem todas as criaturas sublunares. "Crítica" é o único qualificativo com que podemos caracterizar tal situação; em todo caso, ela não corresponde ao que racionalmente se poderia esperar do conteúdo da boa-nova. O maligno não foi acorrentado, embora os dias de seu domínio estejam contados. Deus continua hesitando em fazer violência a Satanás. Forçoso é admitir que o seu lado tenebroso continua a favorecer o anjo mau, sem disso se dar conta. Esta situação naturalmente não passará por muito tempo despercebida ao "Espírito da Verdade" que fixou sua morada no homem. É por isso que Ele perturba o inconsciente, e nos albores do cristianismo produziu uma segunda grande revelação que deu ocasião, posteriormente, a muitas interpretações e mal-entendidos, por causa de sua obscuridade. Trata-se da *revelação de João*. 697

XIII

Dificilmente se poderia pensar numa personalidade mais adequada para autor do Apocalipse de João do que a daquele que escreveu as chamadas *Cartas Joaneias*. Este autor afirma que Deus é luz e que "nele não há treva alguma"[1]. (Quem teria dito que há algo de tenebroso em Deus?). De qualquer modo, ele sabe que se pecarmos tere- 698

---

1. 1Jo 1,5.

mos um defensor junto a Deus, ou seja, Cristo, a vítima de propiciação por nós[2], embora nossos pecados já tenham sido perdoados por causa dele. (Que necessidade teríamos de um defensor, depois disto?). O Pai nos agraciou com o seu grande amor (embora este amor tenha sido pago com o sacrifício de uma vida humana!), e somos os filhos de Deus. Quem nasceu de Deus não comete pecado[3]. *(Quem é que não comete pecado?)*. O próprio Deus é amor. O perfeito amor expulsa o temor[3a]. Mas o autor se vê obrigado a prevenir os seus leitores contra os falsos profetas e aqueles que ensinam doutrinas erradas, e é ele quem anuncia a vinda do Anticristo[4]. A atitude de sua consciência é ortodoxa, mas ele suspeita do mal. É bem possível que tenha tido maus sonhos, que não foram registrados no programa de sua consciência. Fala como se conhecesse não apenas um estado de impecabilidade, mas também um perfeito amor, ao contrário de Paulo, ao qual não falta a necessária autorreflexão. João está por demais convencido do que afirma e, por isso, corre o risco de sofrer uma dissociação. Em semelhantes circunstâncias, costuma surgir uma contraposição no inconsciente, que um dia poderá irromper na consciência sob a forma de uma revelação. E quando esta revelação ocorre, assume a figura de um mito mais ou menos subjetivo, porque vem compensar, entre outras coisas, a unilateralidade de uma consciência individual; isto, ao contrário da visão de um Ezequiel ou Henoc, cujas disposições de consciência se caracterizavam sobretudo pela ignorância (não culposa) e que, por isso, eram compensadas por uma configuração mais ou menos universalmente válida do material arquetípico.

699   O Apocalipse, até onde nos é possível constatar, corresponde a estas condições. Já na visão inicial surge uma figura *que incute terror:* um Cristo inteiramente fundido com o "Ancião dos dias", semelhante a um homem e ao Filho do Homem. De sua boca sai uma "espada afiada de dois gumes", que parece mais apta para a luta e para o derramamento de sangue, do que para anunciar o amor fraterno. Como o Cris-

---

2. 1Jo 2,1-2.
3. 1Jo 3,9.
3a. 1Jo 4,18 [N.T.].
4. 1Jo 2,18s.; 4,3.

to lhe diz: "Não temas", talvez se deva admitir que João, ao cair prostrado, "como morto"[5], não estava subjugado pela força do amor, mas pelo *medo*. (Que é feito, aqui, do perfeito amor que expulsa o temor?).

700 Cristo lhe dá a incumbência de transmitir sete cartas abertas às comunidades da província da Ásia. Adverte à comunidade de Éfeso que faça penitência, pois senão será privada da luz ("...senão, virei a ti e removerei de seu lugar o teu candelabro")[6]. Fica-se sabendo nesta mensagem que Cristo "odeia" os nicolaítas. (Como conciliar este fato com o amor ao próximo?")

701 A comunidade de Esmirna sai-se melhor da situação. Seus adversários se fazem passar por judeus, mas na realidade nada mais são do que "uma sinagoga de Satanás", o que não parece coisa muito amigável.

702 Pérgamo é censurada porque em seu seio há alguém que se faz notar como propagador de doutrinas errôneas. Por isso sua comunidade deve fazer penitência, "senão virei a ti em breve", o que talvez se deva tomar no sentido de uma ameaça.

703 Tiatira permite que a falsa profetisa Jezabel aja livremente. Ele vai "lançá-la em um leito de doença" e "farei também que seus filhos morram de peste". Mas a quem perseverar junto dele, até o fim, "darei poder sobre as nações e ele as apascentará com vara de ferro, como se quebram os vasos de barro – conforme também recebi (tal poder) de meu Pai – e dar-lhe-ei ainda a estrela da manhã"[7]. Cristo ensina, como se sabe: "Amai os vossos inimigos", mas aqui os ameaça com o morticínio das crianças de Belém.

704 As obras da comunidade de Sardes não são perfeitas aos olhos de Deus. Por isso, "faze penitência!" Senão ele virá de repente, como um ladrão numa hora em que ela não o espera[8] – advertência que nada tem de benévola.

705 Nada há a censurar contra Filadélfia. Mas quanto a Laodiceia, Ele está para "vomitá-la" de sua boca, por causa de sua mornidão. Ela deve

---

5. Ap 1,16-17.
6. Ap 2,5.
7. Ap 2,20-28.
8. Ap 3,3.

fazer penitência. Característica é a explicação: "Eu repreendo e castigo todos os que amo"[9]. Compreende-se facilmente que alguns não quisessem saber deste "amor".

706   Cinco destas comunidades são severamente repreendidas. Este Cristo apocalíptico se comporta como um "boss" mal-humorado e consciente de seu poder, semelhante à "sombra" de um bispo que prega o amor.

707   Como a confirmar o que acaba de ser dito, segue-se uma visão divina, no estilo de Ezequiel. Entretanto, aquele que está sentado no trono não se parece, em nada, com um homem, mas *"assemelhava-se, pelo aspecto, a uma pedra de jaspe e de sardônio"*[10]. À sua frente se estendia um "mar de vidro, semelhante ao cristal". Ao redor do trono estão quatro "seres vivos" (ζῷα, animalia) *cheios de olhos* por toda parte, na frente e atrás, por dentro e por fora[11]. O símbolo de Ezequiel foi modificado de forma estranha: aqui comparecem pedra, vidro, cristal, apenas coisas mortas e rígidas para caracterizar a divindade, matérias que pertencem à natureza inorgânica. Pensamos espontaneamente na preocupação dos tempos subsequentes, quando o "homem" misterioso, o "homo altus", era chamado de λίθος οὐ λίθος (pedra não pedra), e em que uma multidão de "olhos" luzia no mar do inconsciente[12]. Como quer que seja, entra aqui em jogo a psicologia joaneia que nos transmite a percepção de algo que se situa além do cosmos cristão.

708   Segue-se a abertura do livro fechado com sete selos por obra do cordeiro. Este último despojou-se dos traços humanos do "Ancião dos dias" e aparece sob uma figura teriomórfica e monstruosa, um dentre os animais cornígeros do Apocalipse: tem sete olhos e sete chifres, tornando-se assim mais semelhante a um carneiro do que a um cordeiro, e seu aspecto deve ter sido bastante desagradável. Embora

---

9. Ap 3,19.
10. Ap 4,3.
11. Ap 4,6.
12. Trata-se de uma alusão à "luminosidade" dos arquétipos [Cf. Theoretische Überlegungen zum Wesen des Psychischen. In: JUNG, C.G. *Von den Wurzeln des Bewusstseins*. Zurique: Rascher, 1954, p. 544s.].

seja apresentado "como que imolado"[13], comporta-se, a seguir, de maneira muito viva e não como vítima abatida inocentemente. Dos quatro primeiros selos abertos ele faz sair os quatro cavaleiros maléficos do Apocalipse. Quando se abre o quinto selo, ouve-se a voz dos mártires a pedir vingança ("Até quando, Senhor, Santo e verdadeiro, não *julgarás* e não *vingarás* nosso sangue contra os habitantes da terra?")[14]. A abertura do sexto selo provoca uma catástrofe cósmica e todas as coisas se ocultam, fugindo da "cólera do Cordeiro, porque chegou o *grande dia de sua ira...*"[15]. Não se reconhece mais o manso Cordeiro que se deixa conduzir ao matadouro, mas sim o carneiro belicoso e iracundo, cujo furor pode agora desencadear-se livremente. Vejo aqui menos um mistério metafísico do que a irrupção de sentimentos negativos, longamente represados, que observamos com frequência naqueles que anseiam por ser perfeitos. Podemos adivinhar no autor das Cartas de João o esforço por realizar modelarmente, na própria pessoa, aquilo que prega aos outros. Por isso deve afastar de si todos os sentimentos negativos que puder esquecer, graças a uma benéfica ausência de autorreflexão. Esses sentimentos desapareceram da superfície das imagens da consciência, mas continuam a pulular sob a capa que ela forma e, com o passar do tempo, vão criando uma teia de ressentimentos e de pensamentos de vingança que acabam irrompendo na consciência em forma de revelação. Resulta então um quadro verdadeiramente assustador, como uma espécie de bofetada contra todas as representações de humildade, tolerância e de amor cristão ao próximo e ao inimigo, e de um Pai amoroso que está no céu e de um Filho e Salvador que veio libertar os homens. Uma verdadeira orgia de ódio, cólera, vingança, furor cego e destruidor, insaciável de criações fantásticas e aterradoras, irrompe na superfície e inunda, com sangue e fogo, um mundo que ainda há pouco se procurava salvar e reconduzir ao *status* original de inocência e de comunhão com Deus.

---

13. Ap 5,6.
14. Ap 6,10.
15. Ap 6,16-17.

709   A abertura do sétimo selo acarreta naturalmente uma nova onda de desgraças que ameaçam esgotar a fantasia nada santa de João. Como que para fortalecer-se, ele deve engolir um livrinho, a fim de estar em condições de continuar a "profetizar".

710   Quando o sétimo anjo desaparece da cena, surge no céu, após a destruição de Jerusalém, a *mulher solar,* com a lua debaixo dos pés e tendo na cabeça uma coroa de doze estrelas[16]. Está em trabalhos de parto e diante dela um dragão cor de fogo quer devorar-lhe o filho.

711   Esta visão destoa do conjunto. Enquanto nos quadros anteriores dificilmente se pode fugir à impressão de que foram submetidos a um processo posterior de revisão, coordenação e embelezamento, a presente cena dá-nos a sensação de que originariamente não estava orientada nem se destinava a um fim pedagógico qualquer. A visão é introduzida pela abertura do templo no céu e pelo aparecimento da arca da aliança[17]. Este fato parece constituir um prelúdio à vinda de Jerusalém, a esposa celeste, uma equivalência da Sofia, pois se trata aqui de uma parte do hierógamos cujo fruto é a criança divina. Sobre tal criança pesa o mesmo destino que ameaçou Apolo, o filho de Leto, que também foi perseguido por um dragão. Devemos deter-nos aqui, diante da figura da mãe dessa criança. É "uma mulher vestida de Sol". Atente-se para a observação: "uma mulher", uma mulher como as outras, e não uma deusa ou uma virgem eterna, *concebida* sem mancha de pecado. Não se nota qualquer intenção de despojá-la de seu caráter feminino, com exceção dos atributos cósmicos e naturais que lhe foram acrescentados para transformá-la em *anima mundi,* de natureza semelhante à do homem cósmico e primordial. Ela é o ser humano primordial feminino, a contrapartida do elemento masculino primordial, para cuja representação se presta admiravelmente o tema da deusa pagã Leto, pois os elementos matriarcal e patriarcal se acham misturados em pé de igualdade na mitologia grega. Em cima, as estrelas, embaixo, a lua, no centro, o sol, o Hórus do Nascente e o Osíris do Poente, tudo envolto pela noite maternal,

---

16. Ap 12,1.
17. Ap 11,19. A *arca foederis,* arca da aliança, é uma *allegoria Mariae* (alegoria de Maria).

οὐρανὸς ἄνω, οὐρανὸς χάτω[18], este símbolo revela todo o mistério da "mulher": ela contém em seu seio tenebroso o sol da consciência "masculina" que surge do mar noturno do inconsciente, como criança, e nele mergulha, depois, como ancião. Ela une o elemento tenebroso ao elemento luminoso; expressa o hierógamos dos contrários e reconcilia a natureza com o espírito.

712 O filho que nasce destas núpcias celestes é necessariamente uma *complexio oppositorum*, um símbolo de unificação, uma totalidade da vida. Não é sem motivo, certamente, que o inconsciente de João se inspira aqui, na tradição grega, para descrever uma experiência escatológica singular; ela não deve ser confundida com o nascimento do Cristo menino, ocorrido há muitíssimo tempo, em circunstâncias totalmente diversas. O recém-nascido do Apocalipse é caracterizado, claramente, à luz da figura do Cordeiro "colérico", isto é, do Cristo apocalíptico, como uma reduplicação deste último, ou seja, como alguém que "há de apascentar todas as nações com vara de ferro"[19]. É associado, por conseguinte, aos sentimentos predominantes de ódio e de vingança, dá-nos a impressão de que o castigo continuará desnecessariamente, num futuro distante. Isto não tem sentido, na medida em que o Cordeiro já se acha incumbido desta tarefa e a leva a cabo no decorrer da revelação, sem que o recém-nascido tenha de agir por conta própria. E de fato, ele não volta mais à cena. Por isso suponho que a sua caracterização como filho da vingança, no caso de não ser uma interpolação interpretativa, escapou da pena do autor do Apocalipse como uma frase de uso corrente, ou como uma interpretação que lhe surgiu espontaneamente. Isto é tanto mais provável, quanto este intermezzo dificilmente poderia ser entendido de outra maneira nas circunstâncias do momento, embora tal interpretação seja totalmente desprovida de sentido. Como já observamos acima, o episódio da mulher solar constitui um corpo estranho no conjunto das visões. Por isso parece-me não estaremos fora da verdade se admitirmos que

---

18. "Céu em cima, céu embaixo" (cf. RUSKA, J.F. *Tabula Smaragdina*. Heidelberg: [s.e.], 1926. Cf. tb. *Die Psychologie der Übertragung*. ["A psicologia da transferência". In: JUNG, C.G. *A prática da psicoterapia*. Petrópolis: Vozes, 2011 (OC, 16; § 384)].

19. Ap 12,5; 2,27.

o próprio autor do Apocalipse ou pelo menos um copista perplexo, numa fase posterior, viu-se obrigado a interpretar de algum modo o paralelo evidente em relação a Cristo, para estabelecer um equilíbrio em todo o texto. Isto pode ter acontecido com a imagem do pastor e sua vara de ferro. Uma outra explicação para esta associação me parece inconcebível.

713   O recém-nascido é arrebatado para junto de Deus, que é manifestamente seu Pai, enquanto a Mãe é escondida no deserto, indicações talvez de que se trata de uma figura que fica provisoriamente em estado de latência, para surgir num futuro posterior. A história de Agar deve ter exercido um papel figurativo neste episódio. A relativa semelhança desta história com a lenda do nascimento de Cristo demonstra certamente que o segundo nascimento constitui um acontecimento análogo ao anterior; e isto, como é de supor, deu-se nos moldes da entronização do Cordeiro em sua glória metafísica, anteriormente descrita. Fato que devia ter ocorrido há muito tempo, ou seja, no momento de sua ascensão ao céu. De igual modo diz-se que o dragão, isto é, o diabo, foi precipitado na terra[20], onde Cristo já havia presenciado também muito tempo atrás, a queda de satanás. Esta estranha repetição e reduplicação dos acontecimentos característicos da vida de Cristo permite-nos supor que se esperava um segundo Messias para os últimos tempos. Mas é possível que se trate também de um retorno do próprio Cristo, pois ele viria certamente "sobre as nuvens do céu"; mas não *nasceria* uma segunda vez, e muito menos de uma conjunção do sol com a lua. A epifania escatológica corresponde mais ao conteúdo do Apocalipse 1 ou 19,11s. O fato de que João, ao descrever o nascimento da criança, tenha se utilizado do mito de Apolo e Leto parece-nos indicar que, ao contrário do que nos ensina a tradição cristã, a visão em apreço é um produto do inconsciente[21]. Ora, no inconsciente acha-se tudo o que é rejeitado pela cons-

---

20. Ap 12,9.
21. Pode-se muito bem admitir que João conhecia o mito de Leto e, por isso, tinha consciência dele. Mas o que não percebia nem esperava era, talvez, a possibilidade de que seu inconsciente se utilizasse desse mito pagão para caracterizar o nascimento do segundo Messias.

ciência, e quanto mais cristã é esta consciência, tanto mais o inconsciente se comporta de forma pagã; se ainda se encontrarem valores de importância vital no paganismo rejeitado, isto é, a criança (como acontece tão frequentemente) foi atirada fora juntamente com a água em que foi banhada. Ao contrário da consciência, o inconsciente não isola nem diferencia os seus objetos. Ele não pensa em termos abstratos, nem independentemente do sujeito: a pessoa do extático e visionário sempre se acha incluída e compreendida no processo de pensar. No caso presente, é a própria pessoa de João que se identificou mais ou menos com Cristo, ou seja, que nasceu à semelhança deste, com destinação semelhante à dele. João foi dominado pelo arquétipo do Filho divino e por isso vê a atuação deste último no inconsciente, ou, em outras palavras, vê que Deus nasce de novo no inconsciente (parcialmente) pagão sem distinguir-se do si-mesmo de João, pois "a criança divina" é, como Cristo, o símbolo tanto de um como de outro. A consciência de João, porém, estava longe de conceber Cristo como símbolo. Para o fiel cristão, Cristo representa tudo, menos um *símbolo, isto é, uma expressão de algo incognoscível, ou de algo que ainda não se pode conhecer.* E, no entanto, é um símbolo pela própria natureza. Cristo não teria causado impressão alguma em seus adeptos, se não tivesse expresso algo que vivia e operava no inconsciente deles. O próprio cristianismo não se teria propagado no antigo mundo pagão, com espantosa rapidez se não contasse com uma disposição psíquica correspondente que viesse ao encontro de seu mundo de representações e imagens. É este fato que nos permite afirmar não apenas que aquele que crê em Cristo está nele contido, como também que Cristo habita nos seus seguidores: é neles o homem semelhante a Deus e perfeito, ou seja, o *Adam secundus.* Trata-se aqui, psicologicamente falando, da mesma relação existente entre o atman-purusha e o eu da consciência humana. É a colocação do homem "perfeito" (τέλειος), isto é, do homem pleno, constituído pela totalidade da psique, ou seja, pela consciência e pelo inconsciente, acima do eu que representa apenas a consciência com seus conteúdos, mas não o inconsciente, embora dependa deste último sob vários aspectos e seja por ele influenciado frequentemente e de forma determinante. Trata-se da relação existente entre o si-mesmo e o eu, que se reflete na relação de Cristo com o homem. É daí que decorrem as analogias inegáveis entre certas concepções hindus e cristãs, que levaram muitos a pensar em influências do hinduísmo sobre o cristianismo.

714 Este paralelismo até aqui latente em João irrompe sob forma de visão no interior da consciência. Que esta irrupção seja autêntica pode-se ver pela utilização, sumamente improvável para um cristão daquela época, de material tirado dos mitos pagãos, no qual é provável que haja até mesmo influências da astrologia. É também aí que se deve buscar uma explicação para a seguinte observação, puramente "pagã": "e a terra veio em socorro da mulher"[22]. Embora a consciência de então estivesse cheia de representações cristãs, os conteúdos mais antigos e contemporâneos jaziam sob o seu limiar, como no caso, por exemplo, de Santa Perpétua[23]. Em um judeu-cristão – como parece ter sido o autor do Apocalipse – cogitava-se ainda da Sofia cósmica como protótipo, à qual João se refere algumas vezes. Não haveria dificuldade em considerá-la como mãe da criança divina[24], porque se trata evidentemente de uma mulher celeste, isto é, de uma deusa e companheira de um Deus. A Sofia corresponde a esta definição, como também Maria glorificada. Se a nossa visão fosse um sonho, não hesitaríamos em interpretar o nascimento da criança como a *tomada de consciência do si-mesmo*. No caso de João, a atitude de fé da consciência ocasionou uma recepção da imagem de Cristo no material do inconsciente, vivificando o arquétipo da virgem-mãe divina e do nascimento de seu filho e amante, e o fez confrontar-se com a consciência cristã. Com isto João é incluído pessoalmente no acontecimento divino.

715 A imagem que ele tem de Cristo, perturbada porém por sentimentos negativos, transformou-se na imagem do vingador cruel que, em última análise, nada tem a ver com um Redentor. Não se tem muita certeza se afinal esta figura de Cristo é mais a do homem João, com sua sombra compensadora, do que a do Redentor, no qual, "lumen de lumine" como é, "não há treva alguma". Só o paradoxo grotesco do Cordeiro "colérico" bastaria para suscitar esta suspeita. Podemos

---

22. Ap 12,16.
23. Cf. FRANZ, M.-L. von. Die Passio Perpetuae. In: JUNG, C.G. *Aion*. Op. cit.
24. Nesse caso, o Filho corresponderia ao *filius sapientiae* (filho da sabedoria) da alquimia medieval.

olhá-lo sob todos os ângulos possíveis, mas o vingador e juiz, contemplado à luz do evangelho do amor, é e continua a ser uma *figura tenebrosa*. É lícito também supor que aqui está a razão que pode ter levado João a comparar o menino recém-nascido à figura de um vingador, atenuando-lhe, assim, o caráter mitológico de adolescente divino encantador e amável, como um Tammuz, um Adônis ou um Balder. A beleza encantadora e primaveril do menino divino constitui, precisamente, um daqueles valores cultuados na Antiguidade clássica, cuja ausência o cristianismo e, de modo particular, o mundo árido do autor do Apocalipse nos fazem sentir; ele representa o esplendor matinal de um dia de primavera, que faz a terra reverdescer e florir, depois da rigidez cadavérica do inverno e o coração do homem encher-se de alegria e crer num Deus de amor e de bondade.

Como totalidade, o si-mesmo é sempre, *per definitionem*, um *complexio oppositorum* e seu modo de aparecer é tanto mais obscuro e ameaçador, quanto mais a consciência reivindica para si uma natureza luminosa, alimentando consequentemente pretensão de uma autoridade moral. Nada nos impede de admitir algo semelhante da parte de João, pois ele era o pastor de um rebanho e, além disso, homem e, como tal, falível. Se o Apocalipse fosse, por assim dizer, um assunto exclusivamente de João e, portanto, nada mais do que a irrupção de ressentimentos pessoais, a figura do Cordeiro colérico o teria deixado plenamente satisfeito. *Rebus sic stantibus* (da maneira pela qual as coisas se apresentam), o menino recém-nascido deveria ter mostrado um aspecto claramente positivo, pois, a julgar pela sua natureza simbólica, ele teria compensado a desolação insuportável que a erupção das paixões reprimidas havia provocado; mas ele era filho da *conjunctio oppositorum*, isto é, do mundo diurno, pleno de sol e do mundo noturno, lunar. Ele teria estabelecido como mediador a ligação entre o João cheio de amor e o João sedento de vingança. Deste modo teria sido um Redentor benéfico e equilibrante. Mas este aspecto positivo parece ter escapado a João; em caso contrário, não teria podido imaginar o menino na mesma linha do Cristo vingador.

Mas o problema de João não é um problema de natureza pessoal. Não se trata aqui de seu inconsciente pessoal, nem de uma irrupção de caprichos, mas de histórias que brotam de uma profundidade maior e mais ampla, ou seja, do inconsciente coletivo. A problemática de João se acha expressa por demais em formas coletivas e arquetípicas, para que possamos reduzi-la a uma situação puramente pessoal. Isto seria uma solução não apenas demasiado fácil, mas também falsa, tanto do ponto de vista prático quanto do ponto de vista teórico. João foi dominado pelo acontecimento coletivo e arquetípico. É a partir daí que deve ser interpretado. Não há dúvida de que ele tinha também sua psicologia pessoal acerca da qual poderemos mesmo formar uma certa ideia, se considerarmos o autor das Cartas de João e do Apocalipse como a mesma pessoa. Temos indícios suficientes de que a *imitatio Christi* produz uma sombra análoga no inconsciente. O fato de João ter tido realmente visões é a demonstração da existência de uma tensão excepcional entre os contrários, entre a consciência e o inconsciente. Se João é o autor das Cartas, ao redigir o Apocalipse, deveria estar em idade muito avançada. *In confinio mortis* e na tarde de uma longa vida rica de conteúdo, o olhar se abre muitas vezes para distâncias insuspeitadas. Um tal homem não vive mais em meio aos interesses cotidianos ou às peripécias de suas relações pessoais, mas na contemplação de grandes e amplos espaços de tempo e no movimento das ideias que datam de séculos. O olhar de João penetra no longínquo futuro do *eon* cristão, nas obscuras profundezas daqueles poderes que o cristianismo contrabalança. O que vem à tona é a corrente dos tempos, o pressentimento da aproximação de uma gigantesca enantiodromia que ele só pode entender como um aniquilamento total e definitivo das trevas que não compreenderam a luz que apareceu na pessoa de Cristo. Mas não percebeu que o poder de destruição e de vingança é constituído justamente por essas trevas das quais o Deus que se fez homem se separou. Por isto também não foi capaz de entender o que significa o filho do sol e da lua, que para ele nada mais era do que outra figura vingadora. A paixão que explode em seu Apocalipse não nos faz vislumbrar a debilidade e serenidade da idade avançada, pois ela significa muito mais do que ressentimentos pessoais; é o espírito do próprio Deus que abre caminho através do invólucro fraco e mortal, alimentando, mais uma vez, o temor dos homens diante da divindade imprevisível.

XIV

A torrente de sentimentos negativos parece inesgotável e os maus acontecimentos continuam a se suceder. Monstros "cornudos" (dotados de poder) surgem do mar, como outros tantos produtos das profundezas abissais. Diante deste poder descomunal das trevas e da destruição é compreensível que a consciência humana amedrontada estenda o olhar, à procura de algum monte, de um ponto onde se sinta em paz e segurança. Por isso João intercala muito apropriadamente uma visão do Cordeiro sobre o monte Sião (cap. 14) onde os 144.000 eleitos e salvos se acham reunidos em volta do Cordeiro[1]. Estes são παρθένοι, os virgens "que não se mancharam com mulheres"[2]. São aqueles que, à imitação do Deus que morre prematuramente, jamais se tornaram homens plenos, mas renunciaram, de livre vontade, a participar do destino da humanidade e por isso negaram-se a dar continuidade ao processo de existência humana aqui na terra[3]. Se todos os homens se convertessem a este ponto de vista, a criatura humana deixaria de existir dentro de poucos anos. Mas os predestinados são relativamente poucos. João acredita na predestinação, concordando com uma autoridade superior. Mas esta predestinação não passa de um pessimismo sem disfarces.

718

"Pois tudo o que nasce
É digno de perecer",

diz Mefistófeles.

A perspectiva, até certo ponto consoladora, não demora a ser interrompida pelos anjos admoestadores. O primeiro deles proclama um "evangelho eterno", cuja súmula consiste nas palavras: "Temei a Deus!" Já não se fala mais no amor a Deus. Só se teme o que é *temível*[4].

719

---

1. Parece-me muito significativo o fato de não se falar mais aqui da "grande multidão que ninguém podia contar, de todas as nações, tribos, povos e línguas, que estavam diante do trono e do Cordeiro", mencionada em 7,9.
2. Ap 14,4.
3. A rigor, eles pertencem ao culto da Grande Mãe, por corresponderem aos "Galloi" [sacerdotes de Cibele] que se emasculavam. Cf., sobre este ponto, a estranha passagem de Mt 19,12 que fala de eunucos que se castravam "por causa do reino dos céus", tal como os sacerdotes de Cibele que costumavam emascular-se à imitação de Adônis, o filho da deusa.
4. Cf., sobre este ponto, também Ap 19,5.

720   O Filho do Homem traz na mão uma foice afiada e tem a seu lado um auxiliar que maneja outra foice[5]. A vindima consiste em um banho de sangue sem paralelo. "E o sangue saiu do lagar (onde os homens são transformados em massa) e subiu até atingir os freios dos cavalos numa extensão de mil e seiscentos estádios"[6].

721   Do templo celeste saem anjos, carregando as taças da ira que vão ser derramadas sobre a terra[7]. A parte principal desta cena é constituída pela destruição da grande prostituta Babilônia, a contrapartida da Jerusalém celeste. Babilônia é a correspondente ctônica da mulher solar Sofia, mas com sinal moral invertido. Quando os eleitos se tornam "virgens" em honra da grande mãe Sofia, surge no inconsciente, como compensação, uma onda terrível de pensamentos e fantasias de luxúria. Por isso, a destruição de Babilônia não indica apenas a erradicação da luxúria, como também a eliminação de toda a alegria de viver, como se pode ver em Ap 18,22s: "E o canto dos harpistas e músicos, dos flautistas e tocadores de trombeta não mais se ouvirá em ti, e nenhum artífice de qualquer arte jamais será encontrado em ti... e a luz da lâmpada não mais brilhará, e a voz do esposo ... em ti não mais se ouvirá..."

722   Como vivemos atualmente no período final do *eon* cristão de Pisces é impossível deixar de pensar na fatalidade que se abateu sobre a nossa arte.

723   Símbolos como Jerusalém, Babilônia etc. se acham sobrecarregados de sentido, isto é, possuem mais de um aspecto e, por isso, podem ser interpretados em várias direções. Limito-me aqui ao aspecto psicológico. Não quero opinar acerca das possíveis relações com a história da época.

724   A destruição de toda a beleza e alegria de viver, o sofrimento inconcebível de toda a criação que surgira outrora nas mãos de um Criador perdulário talvez representassem um motivo da mais profunda melancolia para um coração sensível. Mas João escreveu: "Regozijai-vos sobre ela, ó céus, e vós, santos, apóstolos e profetas, porque

---

5. Ap 14,14.17. Poderíamos facilmente imaginar o próprio João nesta figura paralela.
6. Ap 14,20.
7. Ap 15,6-7; 16,1s.

Deus fez justiça, vongando-se contra ela (Babilônia)"⁸. Daí podemos deduzir até onde pode chegar o desejo de vingança e o prazer da destruição, e o que é o "espinho fincado na carne"⁸ᵃ.

É Cristo, na sua qualidade de chefe do exército celeste, quem pisa "o lagar do vinho do furor da ira de Deus onipotente"⁹. Seu manto foi "embebido no sangue"¹⁰. Ele monta um *cavalo branco*¹¹ e com a espada que sai de sua boca mata a fera e com ela o "falso profeta", que é talvez o seu reflexo ou o correspondente tenebroso, dele ou de João, ou seja, a *sombra*. Satanás é encerrado no mundo inferior, por um período de mil anos, enquanto *Cristo reinará por igual espaço de tempo*. "Depois disto, ele (Satanás) deverá ser solto por pouco tempo"¹². Astrologicamente, os mil anos correspondem à primeira metade do *eon* de Pisces. A libertação de Satanás, após esse espaço de tempo, para a qual, a rigor, não se poderia encontrar qualquer outra explicação, corresponde à enantiodromia do *eon* cristão, ou seja, ao Anticristo cujo advento pôde ser calculado à base de razões de ordem astrológica. Depois de um período que não é indicado com precisão, o diabo será lançado afinal, para sempre, no lago de fogo (mas não aniquilado, como em Henoc), e toda a criação original desaparecerá da face da terra¹³.

725

Agora pode realizar-se o hierógamos, isto é, as núpcias do Cordeiro em "sua mulher"¹⁴. A esposa é a nova Jerusalém que desce do céu¹⁵. "Seu brilho é como o de uma pedra preciosíssima, como uma pedra de jaspe cristalino"¹⁶. A cidade é quadrangular, de quatro lados

726

---

8. Ap 18,20.
8a. 2Cor 12,7 [N.T.].
9. Ap 19,15.
10. Ap 19,13.
11. Ap 19,11. Aqui poderíamos pensar também na especulação astrológica referente à segunda metade do *eon* cristão, ou seja, de Pégaso enquanto "paranatellon" [astro que surge simultaneamente] de Aquário.
12. Ap 20,3.
13. Ap 20,10; 21,1.
14. Ap 19,7.
15. Ap 21,2.
16. Ap 21,11.

iguais, e toda feita de ouro, semelhante ao vidro. Suas ruas são também calçadas com esse mesmo material. O próprio Deus e o Cordeiro são o seu templo e a fonte da luz que jamais se extinguira. Não haverá mais noite, e nada de impuro entrará na cidade[17]. (Esta garantia, repetida diversas vezes, aplaca uma dúvida ainda não de todo extinta!) A fonte de água viva jorra do trono da divindade, e nas suas proximidades há árvores da Vida, elementos que indicam o paraíso e a preexistência pleromática[18].

727 Esta visão final que, como sabemos, é interpretada como a relação de Cristo com a Igreja, tem o significado de um "símbolo de unificação" e, por isso, representa a perfeição e a totalidade. Daí a razão da quaternidade que se expressa como quadratura da cidade nas quatro torrentes do paraíso, nos quatro evangelistas em relação a Cristo, e nos quatro animais em torno de Deus. O círculo indica a forma circular do céu e o ser universal da divindade (pneumática), ao passo que o quadrado se refere à terra[19]. O céu é masculino e a terra é feminina. Por isso Deus tem o seu trono no céu, ao passo que a Sofia tem o seu trono na terra, como ela própria nos diz, segundo Jesus de Sirac: "Na cidade amada me estabeleci e em Jerusalém exerci o meu poder". É a "mãe do puro amor"[20], e é bem possível que João se tenha inspirado em Sirac, quando representa a cidade como esposa. A cidade é a Sofia que existe desde toda a eternidade e voltará a unir-se a Deus, nas núpcias sagradas, no final dos tempos. Como elemento feminino, a Sofia coincide com a terra da qual germinou Cristo, como diz um Padre da Igreja[21], e, consequentemente, coincide tam-

---

17. Ap 21,16-27.
18. Ap 22,1-2.
19. Na China o céu é redondo e a terra é quadrangular.
20. J. Sirac [Eclesiástico], 24,11 e 24 [segundo a Vulgata, N.T.].
21. TERTULIANO. Adversus Judaeos. XIII. In: MIGNE, J.P. *Patr. lat.*, t. 2, col. 635. Op. cit. "...illa terra virgo nondum pluviis rigata nec imbribus foecundata, ex qua homo tunc primum plasmatus est, ex qua nunc Christus secundum carnem ex virgine natus est" ("... aquela terra virgem ainda não irrigada pelas chuvas nem fecundada pelas águas, da qual foi plasmado o homem pela primeira vez e da qual Cristo, agora nascido de uma virgem, se fez homem"). Cf. *Psychologie und Religion* (Psicologia e religião), § 107 deste vol. Cf. tb. *Psychologische Typen*. Zurique: Rascher, 1950, p. 311. § 443 [*Tipos psicológicos*. Petrópolis: Vozes, 2011 (OC, 6)].

bém com a quaternidade da aparição de Deus, em Ezequiel, isto é, com os quatro seres viventes. A Sofia significa a autorreflexão de Deus, ao passo que os quatro serafins representam a consciência divina, sob seus quatro aspectos funcionais. Este fato é indicado também pelos olhos que veem[22], e se acham espalhados nos quatro animais. Temos aí uma síntese quadripartida das luminosidades inconscientes, análoga à tetrameria (divisão em quatro partes) do *lápis philosophorum* (pedra filosofal), que a descrição da cidade celeste nos recorda: tudo brilha com o fulgor da pedra preciosa, do cristal e do vidro, em perfeita correspondência com a visão divina mencionada acima. Da mesma forma que o hierógamos une Javé e a Sofia (na Cabala = Chequiná), restabelecendo o estado pleromático inicial, assim também a descrição paralela de Deus e da cidade santa indica a natureza comum aos dois: originariamente eles constituem uma só e mesma coisa: um ser hermafrodita primordial, um arquétipo de máxima universalidade.

Não há dúvida de que este final tem por função indicar uma solução definitiva para o terrível conflito da existência como um todo. Esta solução não consiste em conciliar os contrários, mas em dissociá-los definitivamente, dissociação na qual os indivíduos interessados podem se salvar, se se identificarem com o lado pneumático de Deus. Uma das condições para isto será a de evitar a procriação e a vida sexual em geral.

XV

O Apocalipse é tão pessoal e ao mesmo tempo tão arquetípico e coletivo, que é preciso, sem dúvida, levar sempre em conta estes dois aspectos. O interesse dos estudiosos modernos talvez se voltasse para a pessoa de João. Como já indicamos acima, é muito provável que João, o autor das Cartas, seja o mesmo que escreveu o Apocalipse. As conclusões psicológicas depõem em favor desta hipótese. A "Revelação" [Apocalipse] foi vivida por um cristão dos albores da Igreja, que provavelmente devia levar uma vida modelar como autoridade, mostrando à sua comunidade, em sua própria pessoa, o exemplo vivo das

---

22. Ez 1,18.

virtudes cristãs da verdadeira fé, humildade, paciência, dedicação aos outros e renúncia aos prazeres e alegrias do mundo. A longo prazo, isto pode tornar-se demasiado difícil até para os melhores. A irascibilidade, o mau-humor e a explosão dos afetos represados por longo tempo são os sintomas clássicos do caráter do virtuoso crônico[1]. Talvez nada nos esclareça melhor acerca da atitude cristã de João do que suas próprias palavras: "Caríssimos, amemo-nos uns aos outros, porque o amor procede de Deus e todo aquele que ama nasceu de Deus e conhece a Deus. Quem não ama não conheceu a Deus, porque Deus é amor... Nisto consiste o amor: não em termos nós amado a Deus, mas em Ele nos ter amado e enviado seu Filho, vítima de expiação pelos nossos pecados. Caríssimos, se Deus assim nos amou, também nós nos *devemos* amar uns aos outros... E nós havemos conhecido e acreditado no amor que Deus tem para conosco. Deus é amor, e quem permanece no amor permanece em Deus e Deus nele... No amor não há temor. .. Aquele que teme não chegou ainda à perfeição no amor... Se alguém disser: 'Amo a Deus', mas odeia seu irmão, é mentiroso... E nós temos dele este preceito: que quem ama a Deus ame também a seu irmão"[2].

730 Mas quem odeia os nicolaítas? Quem tem sede de vingança e quer atirar Jezabel em um leito de doença e fazer seus filhos morrer de peste? Quem não é capaz de se contentar apenas com fantasias sanguinárias? Mas sejamos psicologicamente precisos: não é a consciência de João que inventa tais fantasias: são elas que lhe vêm ao encontro, numa "revelação" violenta; são elas que se projetam sobre ele com uma veemência imprevista e inopinada e uma intensidade que, como já assinalamos, ultrapassa tudo quanto poderíamos esperar, em situações normais, ao modo de compensação de uma atitude um tanto unilateral da consciência.

731 Já examinei um grande número de sonhos compensadores de crentes cristãos que se enganavam quanto à sua organização psíquica real e acreditavam ser portadores de uma constituição diferente, que de maneira alguma correspondia à realidade. Mas nada vi que pudes-

---

1. Não foi sem razão que Cristo deu a João o cognome de "Filho do trovão" [Mc 3,17].
2. 1Jo 4,7-21.

se comparar-se, nem de longe, ao caráter antinômico brutal da revelação de João, exceto nas psicoses graves. Mas João não oferece elementos para um diagnóstico desta espécie. Quanto a isto, o Apocalipse não é muito complicado; é bastante lógico; não é demasiado subjetivo e nada contém de grotesco. Seus afetos são proporcionados ao objeto de que ele se ocupa. Seu autor não foi necessariamente um psicopata desequilibrado. Deve ter sido um indivíduo apaixonadamente religioso, possuidor de uma psique equilibrada. Mas parece ter tido um relacionamento intenso com Deus, relacionamento este que o deixava aberto a irrupções que ultrapassavam de longe qualquer aspecto pessoal. O indivíduo realmente religioso, que também traz do berço a possibilidade de uma ampliação da consciência deve contar com tais perigos.

A finalidade das visões do Apocalipse não é evidentemente a de levar o homem comum João a conhecer a sombra que traz oculta em sua natureza luminosa, mas sim a de abrir o olhar do Vidente para a incomensurabilidade de Deus, pois quem ama conhecerá a Deus. Pode-se dizer que João, precisamente por ter amado a Deus e feito tudo o que estava em seu poder para amar os seus semelhantes, recebeu a "gnose", isto é, o conhecimento de Deus, e viu, como Jó, quão temível e violento é o caráter de Javé; por este motivo sentiu como o seu evangelho do amor era unilateral, completando-o, por isso, com o evangelho do temor: *Deus pode ser amado e deve ser temido*. 732

Deste modo o horizonte do Vidente se estende para além da primeira metade do *eon* cristão: ele pressente que a era do Anticristo começará depois de mil anos, num claro indício de que para ele Cristo não é um vencedor absoluto. João antecipa, de algum modo, todos os alquimistas e Jacob Boehme parece que tem consciência de sua implicação pessoal no drama divino, ao antecipar a possibilidade do nascimento de Deus no homem, pressentido pelos alquimistas, por Mestre Eckhart e Angelus Silesius. Ele esboça, assim, o programa de todo o *eon* de Pisces, com sua dramática enantiodromia e seu final tenebroso que ainda não vivemos e diante de cujas possibilidades realmente tremendas e apocalípticas a humanidade inteira treme. Os quatro cavaleiros sinistros do Apocalipse, os toques ameaçadores e as taças da ira a serem despejadas já ou ainda nos aguardam: a bomba atômica pende sobre nossas cabeças como a espada de Dâmocles, e por trás de 733 tudo isto nos espreitam as possibilidades incomparavelmente mais aterradoras da guerra aérea química que deixaria na sombra até mesmo os horrores do Apocalipse. "Luciferi vires accendit Aquarius acres" – Aquário pôs fogo nas terríveis forças de Lúcifer. Quem ousaria afirmar que João não previu corretamente pelo menos as possibilidades que pairam ameaçadoramente sobre o nosso mundo, no período final do *eon* cristão? Ele sabe também que no fogo, no qual o diabo é atormentado, existe para sempre o pleroma divino. Deus tem dois aspectos terríveis: de um lado, um mar de graça que se choca com o lago de fogo ardente, e de outro, a luz do amor que brilha por sobre um abismo tenebroso de calor, e a respeito do qual se lê: "ardet non lucet" – queima, mas não ilumina. Tal é o evangelho eterno, em oposição ao evangelho temporal: *Deus pode ser amado e deve ser temido.*

XVI

734   O Apocalipse que se acha no final do Novo Testamento se projeta, para além dos limites deste último, em um futuro quase ao nosso alcance, com todos os seus terrores apocalípticos. A decisão tomada em um momento impensado por uma cabeça herostrática* pode muito bem bastar para desencadear a catástrofe universal. O fio do qual pende o nosso destino adelgaçou-se. Não foi a natureza, mas o "gênio da humanidade", que prendeu a si a corda com a qual poderá enforcar-se a qualquer momento. Esta, é apenas uma outra "façon de parler", uma variação do que João queria dizer com a expressão "ira de Deus".

735   Infelizmente não temos condições de saber como foi que João (se de fato é ele o autor das Cartas, como admito de minha parte) se viu confrontado com o duplo aspecto de Deus. Também é muito provável, e até mesmo verossímil, que não haja percebido oposição alguma. É realmente espantoso verificar como são poucos os indivíduos que se confrontam com objetos numinosos e quão fatigante é esta confrontação quando o indivíduo se aventura a ela. A numinosidade do objeto torna difícil que se lhe dê um tratamento intelectual, pois é

---

* Heróstrates destruiu o templo de Ártemis em Éfeso, no ano de 365 a.C., para perpetuar a memória do próprio nome.

o caráter afetivo que entra sempre em linha de conta. O indivíduo participa *pro et* contra no processo, e aqui é mais difícil ainda chegar-se à "objetividade absoluta", do que em outras situações. Quem possui convicções religiosas positivas, isto é, quem "crê", não somente encara a dúvida como coisa muito desagradável e penosa, mas também a teme. É por isso que não gostamos de analisar o objeto da fé. O indivíduo que não tem concepções religiosas não gosta de reconhecer-se como portador de um déficit; antes apela para a sua mentalidade esclarecida ou, no mínimo, para a franqueza de seu próprio agnosticismo. Quem se fixa neste ponto de vista dificilmente admitirá o caráter numinoso do objeto religioso, e este não poucas vezes até mesmo o impede de pensar criticamente, pois pode acontecer – o que para ele não é nada agradável – que sua fé no iluminismo ou no agnosticismo seja abalada. Ambos sentem a influência de sua argumentação, embora não se deem plenamente conta de sua posição. O iluminismo opera com conceitos racionalistas inadequados, apoiando-se, por exemplo, no fato de que enunciados como o do nascimento virginal, da filiação divina, da ressurreição dos mortos, da transubstanciação etc., não passam de disparates. O agnosticismo sustenta que não possui qualquer conhecimento de Deus ou qualquer outro conhecimento de natureza metafísica; entretanto se esquece de que jamais somos nós que *possuímos* uma convicção, mas é *ela que nos possui*. Tanto um como o outro estão possuídos pela razão, que representa o árbitro supremo e indiscutível. Mas o que é "razão"? Por que motivo deve ser suprema? Não *é aquilo que é e age* uma instância que está acima do julgamento racional e da qual a história do pensamento nos oferece tantos exemplos? Infelizmente os defensores da "fé" também operam com os mesmos argumentos fúteis, só que em direção inversa. Indiscutível é apenas o fato de que há enunciados metafísicos que, justamente por seu caráter numinoso, são formulados e negados em tom carregado de afeto. Esse fato constitui a base empírica e segura da qual se deve partir. Ele é objetivamente real enquanto fenômeno psíquico. Nesta constatação acham-se incluídas naturalmente todas as afirmações (até mesmo as contrastantes) que algum dia já foram ou ainda serão de caráter numinoso. É preciso levar em conta *todos* os enunciados religiosos em seu conjunto.

XVII

736 Retomemos a questão da confrontação com o conceito paradoxal de Deus, revelado pelo Apocalipse. O cristianismo estritamente evangélico não tem necessidade de confrontar-se com este conceito, pois apresenta como conteúdo doutrinal básico o conceito de um Deus que, ao contrário de Javé, coincide com a essência do bem. Entretanto, teria sido bem diverso se o João das Cartas pudesse ou devesse confrontar-se com o conceito proposto pela revelação. Para a posteridade, o conteúdo obscuro do Apocalipse poderia ser deixado de lado, pois a conquista especificamente cristã não deveria ser exposta ao perigo levianamente. Para o homem de hoje, porém, é diferente. Defrontamo-nos com coisas tão espantosas e chocantes, que se tornou candente a questão de saber se tal fato pode harmonizar-se ainda com a ideia de um Deus de bondade. Não se trata de um problema que interesse apenas aos especialistas em teologia, mas de um pesadelo religioso e humano em geral, para cujo estudo um leigo em teologia, como eu, pode também trazer a sua palavra de contribuição.

737 Mostrei acima a que espécie de conclusões parecemos chegar inevitavelmente, se a tradição for abordada com um *commonsense* (senso comum) crítico. Quando alguém, portanto, se vê confrontado, deste modo, com um conceito paradoxal de Deus e ao mesmo tempo avalia, na sua qualidade de indivíduo religioso, todo o alcance do problema, encontra-se em situação idêntica à do autor do Apocalipse que podemos imaginar ser um cristão convicto. Sua possível identidade com o João das Cartas nos revela toda a agudeza da contradição: que relação existe entre este homem e Deus? Como é que ele enfrenta a contradição insustentável que existe no interior da divindade? Embora nada conheçamos acerca da decisão de sua consciência, cremos achar um ponto de referência na visão da mulher que está prestes a dar à luz.

738 A natureza paradoxal de Deus divide o homem em seus contrários e o deixa entregue a um conflito aparentemente sem solução. Que acontece, então, num estado como este? Aqui a palavra deve ser deixada à psicologia, pois esta constitui a soma de todas as observações e conhecimentos que recolheu acerca da experiência dos estados de conflitos agudos. Há, por exemplo, choques de deveres que ninguém

sabe como solucionar. A consciência sabe apenas que *tertium non datur* (não há um terceiro termo)! Por isso o médico aconselha a seus pacientes que esperem para ver se o inconsciente não produz algum sonho que proponha um terceiro termo irracional, e, consequentemente, imprevisto e não esperado, como solução. Como nos ensina a experiência, nos sonhos afloram realmente *símbolos de natureza unificante,* entre os quais o tema do menino herói e o da quadratura são dos mais frequentes. Aquele que não dispõe diretamente das experiências médicas pode tirar seu material informativo e intuitivo das fábulas e particularmente da alquimia. Na verdade, o material específico da filosofia hermética é, como se sabe, a *conjunctio oppositorum*. Ela designa seu "filho" ora como *pedra* (por exemplo, o "carbúnculo" (granada almadina)) ora como *homunculus* – ou *filius sapientiae* ou mesmo como *homo altus*. Trata-se precisamente da figura que encontramos no Apocalipse como filho da mulher solar e cujo nascimento é descrito como uma paráfrase do nascimento de Cristo, paráfrase esta que os alquimistas repetiram frequentemente, sob uma forma modificada, embora colocassem sua "pedra" em paralelo com Cristo (e isto quase unanimemente, sem qualquer relação com o Apocalipse). Este tema aparece de novo nos sonhos do homem moderno sob formas análogas, mas sem ligação com a alquimia. Nestes sonhos trata-se sempre da união do lado claro com o lado sombrio, como se eles procurassem, como os alquimistas, saber que espécie de problema propusera o Apocalipse para o futuro. Tal é a questão em torno da qual se empenharam os alquimistas durante quase 1700 anos, e é a mesma questão que oprime o homem de nossos dias. Sob certos aspectos este homem sabe mais, e sob outros sabe menos do que os alquimistas. O problema, para ele, não se concentra mais em torno da matéria, como para os alquimistas. Pelo contrário, tornou-se psicologicamente agudo para ele e por isso, neste terreno, a palavra cabe mais ao médico do que ao teólogo, que permanece preso à sua linguagem arcaica e figurativa. O médico tem-se visto obrigado (muitas vezes contra a sua própria vontade) a encarar o problema religioso mais de perto. Não foi sem razão que precisei chegar aos 76 anos de idade para compreender a natureza das "ideias supremas" que determinam nosso comportamento ético, o que é de imensa importância para a vida prática. Trata-se, em última análise, dos princípios que subjazem às decisões das quais, ostensiva ou discretamente, depende o destino de cada um. Todas estas dominantes culminam no conceito positivo ou negativo de Deus[1].

739   Desde o momento em que João, autor do Apocalipse, sentiu, pela primeira vez (talvez de modo inconsciente), o conflito no qual o cristianismo nos introduz, a humanidade está debaixo de seu peso: *Deus quis e quer tornar-se homem.* Foi esta a razão pela qual talvez presenciou, na visão que nos ocupa, um segundo nascimento do filho da Mãe Sofia, que é caracterizado por uma *conjunctio oppositorum*, um nascimento de Deus, que antecipa o "filius sapientiae" dos alquimistas, o compêndio de um *processo de individualização*. Trata-se do efeito produzido pelo cristianismo em um cristão dos primeiros tempos da Igreja, que viveu o bastante, e de modo decisivo, para poder ter uma rápida visão do futuro distante. A conciliação dos contrários já se acha indicada no simbolismo do destino de Cristo, isto é, a cena da crucificação, onde o mediador está suspenso entre dois malfeitores, um dos quais sobe ao paraíso e o outro desce ao inferno. Não poderia ser de outro modo: o contraste, segundo a visão cristã, devia situar-se entre Deus e o homem, contraste em que este último corria o risco de ser identificado com o lado tenebroso da existência. Isto e mais as indicações predestinacionistas do Senhor exerceram forte influência sobre João: só alguns poucos, predestinados desde toda a eternidade, é que se salvam, enquanto a grande maioria do gênero humano perecerá na catástrofe final. A oposição entre Deus e o homem, segundo a visão cristã, é talvez uma herança javística dos primeiros tempos da Igreja, quando o problema metafísico consistia exclusivamente na relação entre Javé e seu povo. O temor era ainda demasiado grande para que se ousasse – apesar da gnose de Jó – transferir a antinomia para a própria divindade. Deixando em seu devido lugar a oposição entre Deus e o homem, chega-se afinal – *nolens volens* (quer querendo ou não) – à conclusão cristã de que *omne bonum a Deo, omne malum ab homine* (todo o bem procede de Deus e todo

---

1. Psicologicamente falando, qualquer ideia que indique algo de final, de primeiro e último, de supremo ou de ínfimo, recai no conceito de Deus. O nome, em cada caso, não altera os dados do problema.

o mal procede do homem), colocando-se assim a criatura, absurdamente, em oposição a seu Criador, e conferindo-se ao homem uma grandeza cósmica ou demoníaca quanto ao mal. A terrífica vontade de destruição que emerge no êxtase de João dá bem uma ideia do que isto significa quando o homem se contrapõe ao Deus de bondade: impõe-se a ele o peso do lado sombrio de Deus que em Jó ainda estava no lugar certo. Em ambos os casos, o homem é identificado com o mal, e disso resulta que em primeiro lugar ele se opõe ao bem e em segundo lugar se esforça por ser perfeito com o Pai que está no céu.

A decisão de Javé de tornar-se homem é um símbolo da evolução que deverá iniciar-se quando o homem sentir com que espécie de imagem de Deus se acha confrontado[2]. Este Deus age através do inconsciente do homem, obrigando-o a unir e harmonizar as influências contrárias permanentes, às quais sua consciência está submetida. O inconsciente pretende ambas as coisas: separar e unir. É por isso que o homem, em suas tentativas de unificação, pode sempre contar com a ajuda de um defensor metafísico, como Jó o vira claramente. O inconsciente quer introduzir-se na consciência, a fim de poder chegar à luz, mas, ao mesmo tempo, é impedido em tal desígnio, porquanto prefere permanecer inconsciente, isto é, Deus quer tornar-se homem, mas não de modo absoluto. O conflito presente em sua natureza é de tal proporção, que a encarnação só pode ser realizada à custa de um autossacrifício expiatório para satisfazer a ira do lado tenebroso de Deus.

740

Deus encarnou primeiramente o bem, para criar, como é lícito supor, uma base o mais resistente possível para a assimilação posterior do seu outro lado. Da promessa de enviar um Paráclito podemos deduzir que Deus quer ser *plenamente* homem, isto é, quer ser gerado outra vez e vencer de novo em sua própria criatura tenebrosa – no homem não libertado do pecado original. O autor do Apocalipse deixou-nos um testemunho de que a ação do Espírito Santo continua, no sentido de uma encarnação progressiva. João é uma criatura humana na qual irrompe o Deus tenebroso da ira e da vingança, um

741

---

2. O conceito de Deus enquanto ideia que exprime uma totalidade universal inclui igualmente o inconsciente, em oposição, portanto, à consciência, e também à psique, que perturba com tanta frequência as intenções e as vontades da consciência. A oração, por exemplo, fortalece o potencial do inconsciente, daí seus efeitos inesperados.

ventus urens (um vento abrasador). (Parece-me que este João fora o discípulo predileto de Cristo, e em sua idade avançada pressentiu a evolução que se daria no futuro). Esta irrupção perturbadora gerou dentro dele a imagem da criança divina, nascida da companheira divina cuja imagem habita cada indivíduo masculino; a imagem daquele menino que Mestre Eckhart contemplou em sua visão: a ele coube saber que Deus não é feliz sozinho em sua divindade, mas deve nascer na alma do homem. A encarnação operada em Cristo é o protótipo que o Espírito transporá progressivamente para a criatura.

742 Como nosso modo de vida dificilmente pode comparar-se ao do cristão primitivo João, qualquer tipo de bem pode irromper em nós ao lado do mal, principalmente no que se refere ao amor. Por isso não contamos com a presença de uma vontade de destruição tão pura como a que havia em João. Em minha experiência jamais observei coisa igual, com exceção de certas psicoses agudas e obsessões de tipo criminoso. Graças à diferenciação que se operou na Reforma, e em particular graças ao progresso das ciências (aliás originariamente ensinadas pelos anjos decaídos), achamo-nos consideravelmente misturados com o elemento tenebroso e poderíamos comparecer desvantajosamente ao lado da pureza dos santos dos primeiros tempos da Igreja e também dos de época posterior. Naturalmente, nosso relativo negror de nada nos serve. Ele atenua, é verdade, o choque das forças malignas, mas, por outro lado, nos expõe a elas e nos torna incapazes de lhes resistir. É por isso que precisamos de mais luz, de bondade e de força moral, e devemos remover nosso negrume anti-higiênico da melhor forma possível, pois senão careceríamos de condições para aceitar e, ao mesmo tempo, aguentar, sem perecermos, o Deus tenebroso que também quer tornar-se homem. Para isso, precisamos de todas as virtudes cristãs, e não somente delas – pois o problema não é somente moral –, mas também da *Sabedoria* que Jó em seu tempo já buscava. Mas naquela época a Sabedoria ainda estava escondida em Javé ou ele ainda não se lembrava dela. Aquele homem superior e perfeito (τέλειος) que representa, sob a forma do *puer aeternus* – "vultu mutabilis albus et ater"[3] –, nossa totalidade

---

3. "De aspecto mutável, ora branco, ora preto". HORÁCIO. *Epistulae*, II,2.

que transcende a consciência, foi gerado por pai "desconhecido" e nasceu da "sapientia". Foi nesta criança que Fausto teve de transmudar-se a partir de sua enfatuada unilateralidade, que só via o demônio fora. Prefigurativamente, Cristo advertiu-nos: "Se não vos tornardes como crianças..." nas quais todos os contrários se acham reunidos. Refiro-me aqui ao menino que nasce do homem em plena madurez e não à criança inconsciente que todos nós gostaríamos de continuar sendo. Numa antevisão, Cristo apontou, como dissemos acima, o princípio de uma moral do mal.

A mulher solar aparece com seu filho, no fluxo da visão, de forma estranha, inesperada, e sem ligações com o conjunto. Ela pertence a um outro mundo, a um mundo futuro. Por isso o seu filho é arrebatado por algum tempo para junto de Deus, como o Messias judeu, enquanto a mãe deve ficar escondida por um longo período no deserto, onde, porém, é alimentada por Deus[3a]. Com efeito, o problema imediato não será ainda, por muito tempo, o da união dos contrários. Trata-se, antes de tudo, da encarnação da luz e do bem, da dominação da *concupiscentia* (do prazer mundano) e da consolidação da *civitas Dei* (cidade de Deus) em vista do advento do Anticristo que terá lugar mil anos depois, advento este que, por sua vez, anunciará os horrores do período final, ou seja, a epifania do Deus colérico e vingativo. O Cordeiro transmudado em carneiro demoníaco abre um novo evangelho, o *Evangelium Aeternum*, que tem por conteúdo o *temor de Deus*, além do amor a Deus. É esta a razão pela qual o Apocalipse se encerra, como o processo clássico de individuação, com o símbolo do hierógamos, das núpcias do filho com a mãe-esposa. Mas estas núpcias têm a sua consumação no céu, onde não entra "coisa alguma impura", além das fronteiras do mundo devastado. A luz se associa à luz. É este o programa do *eon* cristão que deve consumar-se para que Deus possa, então, encarnar-se na criatura humana. É somente no período final que se consumará a visão da mulher solar. Foi reconhecendo esta verdade e, evidentemente, movido pelo Espírito Santo, que o Papa proclamou, para grande espanto de todos os racionalistas, o dogma da *Assumptio Mariae* (a Assunção de Maria), ou seja,

---

3a. Cf. acima.

que ela se uniu ao Filho como esposa e à divindade como Sofia, na câmara nupcial do céu[4].

744 Este dogma é adequado aos nossos tempos sob todos os pontos de vista: em primeiro lugar, porque realiza figurativamente a visão de João[5]; em segundo lugar, porque alude às núpcias escatológicas do Cordeiro; e em terceiro lugar, porque repete a anamnese vétero-testamentária da Sofia. Estas três referências predizem a encarnação de Deus; a segunda e a terceira predizem a encarnação operada em Cristo[6], mas a primeira prediz a encarnação realizada no homem meramente criado.

XVIII

745 Agora é o homem que interessa: uma imensa força de destruição foi posta em suas mãos e o problema é o de saber se ele resistirá à vontade de usá-la. Dificilmente ele o conseguirá, apoiado exclusivamente em suas próprias forças. Para isto, deve haver um "defensor" no céu, que é precisamente o menino que foi arrebatado para junto de

---

4. Constitutio Apostólica "Munificentissimus Deus", em *Acta Apostolicae Sedis*. Commentarium Officiale, 1950, § 21: "Oportebat Sponsam, quam Pater desponsaverat, in thalamis coelestibus habitare" (convinha que a Esposa que o Pai desposara habitasse os tálamos celestes) – DAMASCENO, J. *Encomium in Dormitionem* etc. Hom. 11,14 (cf. MIGNE, J.P. *Patr. gr.* t. 96, col. 742. Op. cit.), § 26: Comparação com a esposa do Cântico dos Cânticos. § 29: "[...] ita pariter surrexit et Arca sanctificationis suae, cum in hac die Virgo Mater ad aethereum thalamum est assumpta" ([...] assim a arca que ele santificara também surgiu quando a Virgem Mãe foi assumida, neste dia, no tálamo celeste). PÁDUA, A. de. *Sermones dominicales et in solemnitatibus*. 3 vols. Pádua: [s.e.], 1895 [Org. por A. M. Locatelli].

5. *Constitutio Apostólica*, § 27: "Ac praeterea scholastici doctores non modo in variis Veteris Testamenti figuris, sed in illa etiam Muliere amicta sole, quam Joannes Apostolus in insula Patmo (Ap 12,1s.) contemplatus est, Assumptionem Deiparae Virginis significatam viderunt" (E, além disso, os doutores da Escolástica viram a assunção da Virgem Mãe de Deus indicada não só nas diferentes figuras do Antigo Testamento, como também naquela mulher vestida de sol que o Apóstolo João contemplou na ilha de Patmos) (Ap 12,1s.).

6. As núpcias do Cordeiro repetem a *annunciatio et obumbratio Mariae* (a anunciação e obumbração de Maria).

Deus e realiza a "cura" e a totalização do homem até agora fragmentário. Qualquer que seja o significado da totalidade, do si-mesmo do homem, trata-se empiricamente de uma imagem da finalidade da vida, produzida espontaneamente pelo inconsciente, para além dos desejos e temores da consciência. Representa a finalidade do homem total, ou seja, a concretização de sua totalidade e individualidade, com ou mesmo contra a sua própria vontade. A *dynamis* (força) deste processo é o instinto que vela, para que tudo quanto pertence a uma vida individual seja nela integrado, quer o sujeito concorde ou não, quer tome consciência do que está acontecendo ou não. É claro que há uma grande diferença, subjetivamente falando, em o indivíduo saber o que ele está vivendo e compreender o que está fazendo, e declarar-se responsável ou não pelo que intenciona fazer ou já fez. Cristo formulou complexivamente em uma única frase aquilo que constitui a consciência reflexa ou sua ausência: "Se sabes o que fazes, és feliz, mas se não sabes, és um maldito e transgressor da lei"*. A inconsciência nunca pode valer como desculpa perante o tribunal da natureza e do destino. Ao contrário, grandes castigos pesam sobre ela e é por isso que toda a natureza inconsciente anseia pela luz da consciência, à qual, no entanto, se contrapõe.

Não há dúvida de que o processo de tomada de consciência daquilo que se acha guardado e mantido secretamente no recôndito de nós mesmos nos põe diante de um conflito interior insolúvel. É assim, pelo menos, que se afigura à consciência. Mas os símbolos que emergem do inconsciente nos sonhos revelam a confrontação dos opostos, enquanto as imagens de finalidade representam a união bem-sucedida desses opostos. Neste ponto nossa natureza inconsciente nos vem ao encontro com uma ajuda que podemos constatar empiricamente. É tarefa da consciência compreender estas indicações. Mesmo que isto não aconteça, o processo de individuação continua, apesar de tudo; só que nesse caso somos vítimas deste processo e arrastados pelo destino para aquela meta inevitável que poderíamos ter alcançado com passo firme e cabeça erguida, e no momento devido, se tivéssemos aplicado tão somente nossa paciência e nosso

---

* *Codex Bezae* sobre Lc 6,4. Cf. § 696, nota 6.

esforço, a fim de compreender os *numina* (numes) do destino. O que importa agora, exclusivamente, é saber se o homem é capaz, por si mesmo, de galgar um degrau moral mais alto, isto é, um nível superior de consciência, para estar à altura do poder sobre-humano que os anjos decaídos atiraram às suas mãos. Mas o homem não pode avançar por própria conta, se não possuir um conhecimento mais apurado a respeito de sua *própria natureza*. Infelizmente, neste particular, o que predomina é uma terrível ignorância e uma aversão não menor a ampliar o conhecimento acerca do próprio ser. Seja como for, muitos já não podem fechar-se à conclusão de que alguma coisa *deveria* suceder ao homem no plano psicológico. Infelizmente a palavrinha "deveria" está a indicar que as pessoas não sabem o que fazer, nem conhecem o caminho que as conduzirá à meta prefixada. A verdade é que sempre se pode contar com a graça imerecida de Deus que atende as nossas orações. Ora, Deus, que *não* atende nossas orações, quer tornar-se homem, e para isto escolheu, por meio do Espírito Santo, o homem puramente criado, portador da obscuridade do próprio Deus, aquele homem natural, manchado pelo pecado original e a quem os anjos decaídos ensinaram as ciências divinas. Foi *este homem culpado o indicado e por isto mesmo o escolhido* para sede da encarnação progressiva e continuada, e não o homem inocente que se abstém do mundo e se nega a dar seu tributo à causa da vida, pois nesta vida o deus tenebroso não encontraria espaço para agir.

747   Desde o aparecimento do Apocalipse sabemos, de novo, que Deus não somente deve ser amado, como também temido. *Ele nos cumula com o bem e o mal,* pois, do contrário, não haveria motivo de temê-lo. E como ele quer tornar-se homem, é no homem que deve realizar-se a união de suas antinomias. Isto constitui uma nova responsabilidade para o homem. Este não pode mais se escusar, apelando para a sua pequenez e nulidade, pois o deus tenebroso colocou-lhe nas mãos a bomba atômica e o material para uma guerra química, dando-lhe assim o poder de despejar a taça da ira apocalíptica sobre seus semelhantes. Como lhe foi posto nas mãos um poder por assim dizer divino, ele não pode mais continuar cego e inconsciente. Deve conhecer a natureza de Deus e o que se passa no interior da metafísica, a fim de compreender-se a si mesmo, chegando deste modo ao conhecimento de Deus.

XIX

A proclamação do novo dogma poderia ter dado ocasião a uma pesquisa a respeito dos seus pressupostos psicológicos. Interessante foi ver como entre os muitos artigos publicados, tanto por parte dos católicos quanto por parte dos protestantes, acerca da definição do dogma, não houve um sequer, até onde pude constatar, que tenha dado de algum modo o devido realce ao motivo deveras poderoso da religiosidade popular e suas exigências psíquicas profundas. Os autores se contentaram em fazer considerações histórico-dogmáticas eruditas que nada tinham a ver com o evento religioso em sua vitalidade. Quem, no entanto, acompanhou com atenção as aparições marianas que se multiplicaram nos últimos decênios, e compreendeu seu significado, terá percebido o que estava acontecendo. Sobretudo o fato de que muitos casos foram crianças que tiveram essas visões permite-nos pensar que o inconsciente coletivo está agindo sempre em tais circunstâncias. Aliás, conta-se que o próprio Papa teve diversas visões por ocasião da referida proclamação. Há muito tempo se sabia que um profundo desejo despertara no coração das massas, no sentido de que a Intercessora e Mediatrix dos homens ocupasse o seu devido lugar junto à Santíssima Trindade e fosse recebida "como rainha do céu e esposa na corte celeste". Ademais, era ponto pacífico, há mais de mil anos, que a Mãe de Deus já lá estava, e sabemos também, pelo Antigo Testamento, que a Sofia se encontrava junto a Deus antes da criação. Temos conhecimento, pela teologia real do antigo Egito, que deus queria tornar-se homem por intermédio de uma mãe humana, e desde a pré-história se sabe que o ser divino primordial encerra uma componente masculina e uma feminina. Mas uma verdade desta espécie só acontece no tempo, quando é proclamada solenemente ou então quando é redescoberta. Sob o ponto de vista psicológico, é de importância para os nossos dias que a esposa celeste tenha sido associada ao seu esposo no ano de 1950. Para uma interpretação correta deste acontecimento é preciso levar em conta não somente os fragmentos que a bula de proclamação apresenta, como também a prefiguração contida nas núpcias do Cordeiro e na anamnese vétero-testamentária da Sofia. A união nupcial consumada no tálamo celeste exprime o hierógamos que, por sua vez, constitui a etapa preliminar da encarnação, isto é, do nascimento daquele Salvador que desde a Antiguidade clássica era considerado como um *filius solis et lunae, filius sapientiae*, correspondente a Cristo. Ora,

748

se o desejo de que a Mãe de Deus fosse glorificada estava presente no coração do povo, é indício de que esta tendência, em suas últimas consequências, exprime o anseio profundo de que nasça o Salvador, um pacificador, um *mediator pacem faciens inter inimicos*[1]. Embora Ele tenha nascido no pleroma, antes de todos os tempos, o seu nascimento só pode realizar-se no tempo, quando percebido, conhecido e proclamado (declaratur) pelo homem.

749 O motivo e o conteúdo do movimento popular que levaram o Papa à decisão da *declaratio solemnis* (definição solene) de um novo dogma, tão densa de consequências, não constituem um *novo* nascimento, mas uma encarnação progressiva e continuada de Deus, que teve início com Cristo. Argumentos histórico-críticos não fazem justiça ao dogma; pelo contrário, favorecem erros de julgamento. Os temores sem fundamento e objetividade que os arcebispos ingleses exprimiram também não lhe fizeram justiça: em primeiro lugar, porque a declaração do dogma nada mudou, em questão de princípios, na concepção católica existente há mais de mil anos e, em segundo lugar, porque o desconhecimento do fato de que Deus quer tornar-se homem para sempre e que, por isso mesmo, se encarna progressiva e continuamente no tempo, mediante o Espírito Santo, é perigoso. Afinal isto só pode significar que o ponto de vista protestante, expresso em semelhantes declarações, marca um recuo, não compreendendo os sinais dos tempos e não levando devidamente em conta a ação continuada e progressiva do Espírito Santo. É evidente que este ponto de vista perdeu contato com as grandiosas transformações arquetípicas que se operaram na alma do indivíduo, na massa, e também nos símbolos[2] que têm por finalidade compensar a situação mundial ver-

---

1. "Um mediador que estabeleça a paz entre os inimigos".
2. Parece-me que a rejeição papal do simbolismo psicológico deve ser explicado à luz do fato de que o que interessava ao Papa era, em primeira linha, acentuar a realidade do acontecimento metafísico. Isto é, por causa da pouca estima de que goza a psique em geral, qualquer tentativa de compreensão adequada da psicologia *a priori* é suspeita de psicologismo. Compreende-se que o dogma deva ser protegido e defendido contra este perigo. Quando se tenta explicar a natureza da luz no âmbito da física, ninguém espera que a seguir a luz deixe de existir. Mas, quanto à psicologia, acredita-se que tudo quanto ela explica está eliminado, pelo simples fato desta explicação. Não posso, evidentemente, esperar que o meu ponto de vista especial seja conhecido por todo e qualquer colégio competente de estudiosos.

dadeiramente apocalíptica. O protestantismo parece ter sucumbido a um historicismo racionalista, perdendo a sensibilidade para a presença do Espírito Santo que atua no mais recôndito de nossa alma. Por isso é incapaz de compreender ou admitir uma outra revelação do drama divino.

Esta circunstância deu-me ensejo, a mim, leigo *in theologicis*, de tomar da pena para expor o meu modo de pensar sobre estes fatos obscuros. Tal empreendimento se baseia na experiência psicológica que adquiri em minha longa carreira de médico. Não subestimo a alma humana sob qualquer de seus aspectos e sobretudo não penso que o acontecimento psíquico se transforme em fumaça, simplesmente pelo fato de explicá-lo. O psicologismo se assemelha à mentalidade mágico-primitiva, se acredita poder afastar, como por encanto, a realidade da psique, a modo do Procto-fantasmista do *Fausto*: 750

"Estais sempre presentes! Mas isto é espantoso.
Desaparecei daqui! Não vedes que já vos expliquei?"

Estaria mal informado quem me identificasse com este ponto de vista. Mas já me perguntaram tantas e tantas vezes se acredito ou não na existência de Deus, que fiquei um pouco preocupado de que alguém me pudesse tomar por um "psicologista", e isto de maneira muito mais generalizada do que suspeito. O que essas pessoas muitas vezes ignoram ou não conseguem compreender é que considero a psique como uma realidade. As pessoas só acreditam em fatos físicos, o que deveria levá-las necessariamente à conclusão de que o urânio por si mesmo, ou então a aparelhagem dos laboratórios é que fabricaram a bomba atômica. Isto é tão absurdo quanto admitir que uma psique não real é responsável por este fato. Deus é uma realidade psíquica evidente, e não um dado físico, ou seja, é um dado que só pode ser constatado do ponto de vista psíquico, e não do ponto de vista físico. A essas pessoas também não ocorreu pensar que a psicologia religiosa se divide em dois campos, nitidamente distintos, quais sejam, de um lado, a psicologia do homem religioso e, de outro, a psicologia da religião ou dos conteúdos religiosos. 751

Foram principalmente as experiências do segundo setor que me encorajaram a entrar na discussão a respeito do problema religioso, e 752 de modo particular no "pro et contra" do dogma da assunção que, seja dito de passagem, considero o acontecimento religioso mais importante depois da Reforma. É uma *petra scandali* (pedra de escândalo) para uma inteligência não psicológica. Como se poderia apresentar uma proposição tão pouco documentada historicamente, a assunção corporal da Virgem Maria ao céu, e também como digna de fé? O método usado na argumentação papal é evidente para a inteligência psicológica, pois se baseia primeiramente nas prefigurações indispensáveis e, depois, na existência de uma tradição doutrinal mais que milenar. O material de provas da existência do fenômeno é, portanto, mais do que suficiente. Que se afirme a existência de um fato fisicamente impossível não altera absolutamente a essência da questão, pois todas as proposições religiosas são impossíveis do ponto de vista físico. Se não o fossem, deveriam, como disse acima, ser tratadas no âmbito das ciências físicas e naturais. Mas todas elas, sem exceção, dizem respeito unicamente à *realidade da alma* e não à da *physis* (natureza). Mas o que incomoda, do ponto de vista protestante, é a infinita aproximação da "Deipara" (Mãe de Deus) em relação à divindade, o que, segundo acham, põe em perigo a supremacia de Cristo sobre a qual se fixou o protestantismo, sem perceber que a hinologia protestante está cheia de alusões ao "Esposo celeste" que de um dia para outro não pode (é o que pensam) ter uma esposa com os mesmos direitos que Ele. Ou este "Esposo" era entendido psicologicamente, como pura metáfora?

753   Não devemos forçar as consequências da definição papal. Elas deixam o ponto de vista protestante entregue ao *odium* de uma *religião puramente masculina, que não tem uma representação metafísica da mulher,* à semelhança do mitraísmo, ao qual este preconceito causou imenso dano. É evidente que o protestantismo não levou suficientemente em conta os sinais dos tempos que indicam a realidade da emancipação da mulher ou igualdade de direito em relação ao homem. Esta igualdade de direito se radica, com efeito, na figura de uma mulher "divina", ou seja, da esposa de Cristo. Da mesma forma que não se pode substituir a pessoa de Cristo por uma organização, assim também não se pode substituir a esposa pela Igreja. A componente feminina exige, como a masculina, uma representação de caráter pessoal.

Mas é preciso não esquecer que com a transformação da assunção em dogma, Maria não alcançou o *status* de deusa no sentido dogmático, embora, como rainha do céu (ao contrário de Satanás, o príncipe do reino aéreo sublunar) e como mediatrix, esteja funcionalmente quase em igualdade de condições com o Cristo rei e mediador. Em qualquer caso, sua posição satisfaz plenamente às exigências do arquétipo. O novo dogma exprime uma renovada esperança de realização dos anseios de paz e de equilíbrio dos contrários, associados numa tensão ameaçadora que move a alma humana nas suas camadas mais profundas. Todos nós experimentamos esta tensão, e a experimentamos sob a forma individual de nossa intranquilidade, e isto tanto mais fortemente quanto menos possibilidades temos de nos desfazer dela por meios racionais. Por isso não devemos espantar-nos se as profundezas do inconsciente coletivo e do seio da massa emergir a esperança, ou mesmo a expectativa de uma intervenção divina. Foi a este anseio profundo que a definição papal conferiu uma expressão consoladora. Como poderia o ponto de vista protestante ignorar esta realidade? Só é possível explicar esta incompreensão pelo fato de que os símbolos e as alegorias hermenêuticas deixaram de ter sentido para o racionalismo protestante. Isto vale também, até certo ponto, para a oposição que existe no seio da Igreja Católica contra a transformação da doutrina, até agora ensinada, em dogma. É verdade que um certo racionalismo calha melhor ao protestantismo do que à posição da Igreja Católica. Esta última deixa espaço livre ao processo secular de evolução do símbolo arquetípico e impõe este último na sua forma primordial, indiferente às dificuldades e objeções críticas que se levantam contra este procedimento. É aqui que a Igreja Católica mostra seu caráter maternal, deixando que a árvore nascida de sua matriz se desenvolva de acordo com suas próprias leis. O protestantismo que se acha, ao contrário, comprometido com seu espírito paternal, não apenas se formou, desde o início, por uma confrontação com a mentalidade profana da época, como também continua a discussão com as correntes de cada período, pois o Pneuma é flexível, de acordo com sua natureza aeriforme, e está sempre num fluxo contínuo de vida, comparável ora à água ora ao fogo. Ele pode distanci-

754

ar-se de seu lugar de origem, ou mesmo transviar-se e perder-se, caso seja demasiado atritado pelo espírito da época. Para que o espírito protestante possa cumprir sua missão, deve mostrar-se muito inquieto, incômodo às vezes, e até mesmo agressivo; só assim terá condições de assegurar à sua tradição uma influência sobre o processo de transformação e modificação do mundo. Os abalos que ele sofre por ocasião destes confrontos alteram e ao mesmo tempo vivificam a tradição que, sem estes distúrbios, se encaminhariam forçosamente para a estagnação total e, consequentemente, para a inoperância e ineficácia. Mas da simples crítica contra certas evoluções que se processaram no seio do catolicismo, e da mera oposição a elas, o protestantismo não haurirá senão uma vida estéril e miserável, caso não se lembre do fato de que a cristandade é constituída de dois campos, ou melhor, de dois irmãos desunidos, e que, portanto, além de defender a própria existência, deve também reconhecer ao catolicismo o direito e a razão de existir. Um irmão que cortasse à irmã mais velha o fio da vida, simplesmente por razões teológicas, deveria ser chamado e, com razão, de desumano – para não nos referirmos ao seu caráter cristão – e vice-versa. Uma crítica meramente negativa não é construtiva. Ela só se justifica na medida em que for criativa. Por isso seria proveitoso que o protestantismo confessasse que se sentiu chocado com a proclamação do novo dogma, não só porque este lançou dolorosamente um jato de luz sobre a brecha profunda que separa os dois irmãos, como também porque no seio do cristianismo se operou uma evolução a partir de elementos basilares que já existiam há muito tempo; e foi esta evolução que distanciou o cristianismo de uma compreensão do mundo, muito mais marcadamente do que já acontecera até então. O protestantismo sabe – ou poderia sabê-lo – o quanto deve sua existência à Igreja Católica. Que possuirá ele, se não puder mais criticar ou protestar? Diante do escândalo intelectual que o novo dogma representa para ele, o protestantismo deveria lembrar-se de sua responsabilidade cristã ("Porventura sou o guarda de meu irmão?") e indagar com toda a seriedade quais foram os motivos que, discreta ou ostensivamente, determinaram a proclamação do novo dogma. Seria aconselhável que, sob este aspecto, nos precavêssemos contra suspeições baratas, e faríamos bem se admitíssemos que, por trás desta proclamação, existe algo de mais profundo e de mais importante do que o arbítrio papal. Seria desejável que o protestantismo compreendesse que, com o novo dogma, coube-lhe uma nova responsabilidade em favor do espírito profano da época, pois não pode simplesmente desautorizar sua irmã problemática aos olhos do mundo. Ele deve fazer-lhe justiça, mesmo que ela lhe seja antipática, caso não queira perder sua própria reputação. E o poderia fazer se, aproveitando-se, por exemplo, da ocasião favorável da proclamação do dogma, se confrontasse com a questão de saber se o novo dogma, assim como todas as proposições mais ou menos dogmáticas, significam algo mais do que está expresso no seu concretismo verbal. E como devido à sua dogmática arbitrária e oscilante, sua constituição eclesiástica frouxa e fendida por cisões internas ele não pode dar-se ao luxo de permanecer numa posição rígida e inacessível perante o espírito moderno, e como, além disso, por força de seu compromisso com o Espírito Santo, deve confrontar-se mais com o mundo e suas ideias do que com Deus, seria conveniente que ele, por ocasião da entrada da Mãe de Deus na Câmara nupcial do céu, assumisse a grande tarefa de dar uma nova interpretação às tradições cristãs. Como se trata de verdades que estão arraigadas no mais profundo da alma humana e das quais ninguém pode duvidar, nem mesmo quem possua apenas uma sombra de inteligência, a execução desta tarefa me parece possível. Para isto é necessário a liberdade de espírito que, como sabemos, só é garantida no seio do protestantismo. A corrente racionalista considera a assunção de Maria como uma bofetada, e assim seria para todo o sempre, se nos obstinássemos a usar argumentos tirados da razão e da história. Aqui estamos diante de um caso que reclama uma compreensão psicológica, pois o mitologema que veio à tona é de tal modo manifesto, que seria preciso uma cegueira teimosa para desconhecer-lhe a natureza simbólica ou sua possibilidade de interpretação.

 A transformação da Assunção de Maria em dogma aponta para a realização do hierógamos no pleroma, e este hierógamos, por sua vez, se refere, como já foi dito, ao futuro nascimento do menino divino que, em virtude da tendência divina a encarnar-se, escolherá o homem empírico para nele se realizar. Este acontecimento metafísico é conhecido pela psicologia do inconsciente como *processo de individuação*. Como, em geral, ele se tem realizado sempre de modo inconsciente, não pode ser entendido senão no sentido em que a glande se transforma em carvalho, o bezerro em boi e a criança em adulto. Mas, para que se tome consciência do processo de individuação, é preciso que a consciência seja confrontada com o inconsciente e se chegue a um equilíbrio entre os opostos. Como isto é logicamente impossível, necessitam-se de *símbolos* que sirvam para tornar visível a união irracional dos contrários. Estes símbolos são produzidos espontaneamente pelo inconsciente e ampliados pela consciência. Os símbolos centrais deste processo descrevem o si-mesmo, isto é, a totalidade do homem, de um lado, por meio daquilo que lhe é consciente e, de outro, por meio do conteúdo inconsciente. O si-mesmo é τέλειος ἄνθρωπος, o homem completo, cujos símbolos são o menino divino ou seus sinônimos. Este processo que aqui esboçamos apenas sumariamente pode ser observado no homem moderno, ou podemos lê-lo nos documentos da filosofia harmética medieval que versam sobre ele; quando se conhece tanto a psicologia do inconsciente quanto a alquimia, fica-se espantado com o paralelismo dos respectivos símbolos.

756   É grande a diferença que medeia entre o processo natural de diferenciação que transcorre de modo inconsciente, e o processo de individuação que se torna consciente. No primeiro caso, a consciência não intervém de modo algum. Por isto o seu final é tão obscuro quanto o seu começo. No segundo caso, porém, são tantos os elementos obscuros que vêm à luz, que a personalidade é como que radiografada, ao mesmo tempo que a consciência ganha infalivelmente em amplidão e percepção. A confrontação entre a consciência e o inconsciente faz com que a luz brilhe nas trevas, e não somente seja compreendida pelas trevas, como também as compreenda. O *filius solis et lunae* é, a um só tempo, símbolo e possibilidade de união dos contrários. É o A e o Ω do processo, o Mediator e o Intermedius. "Habet mille nomina" (tem mil nomes), dizem os alquimistas, indicando, com isto, que a causa de onde decorre o processo de individuação e para a qual este processo tende é um *inefabile* sem nome.

Só por meio da psique podemos constatar que a divindade age 757 em nós; dessa forma somos incapazes de distinguir se essas atuações provêm de Deus ou do inconsciente, isto é, não podemos saber se a divindade e o inconsciente constituem duas grandezas diferentes; ambos são conceitos-limite para conteúdos transcendentais. Podemos, entretanto, observar, empiricamente com suficiente verossimilhança, que existe no inconsciente um arquétipo da totalidade, que se manifesta espontaneamente nos sonhos etc., e que existe uma tendência independente do querer consciente, cuja meta é a de pôr outros arquétipos em relação com esse centro. Por esse motivo, não me parece de todo improvável que o arquétipo da totalidade possua, como tal, uma posição central que o aproxime singularmente da imagem de Deus. Esta semelhança é ainda confirmada, em particular, pelo fato de este arquétipo criar um simbolismo que sempre serviu para caracterizar e exprimir imagisticamente a divindade. Estes fatos tornam possível uma limitação do sentido de nossa afirmação, feita acima, sobre o caráter indiferenciável da imagem de Deus e do inconsciente: a imagem de Deus não coincide propriamente com o inconsciente em si, mas com um conteúdo particular deste último, isto é, com o arquétipo do si-mesmo. Este último já não podemos separar, empiricamente, da imagem de Deus. É possível postular arbitrariamente uma diferença entre estas duas grandezas, mas isto de pouco adiantará; ao contrário, só contribuirá para separar o homem de Deus, impedindo, com isto, a encarnação de Deus. A fé tem razão, quando faz o homem ver e sentir no mais profundo de si mesmo a imensidão e inacessibilidade de Deus; mas ela também nos ensina a proximidade, e mesmo a imediata presença de Deus. É precisamente esta proximidade que deve ser empírica, se não quisermos que ela seja inteiramente desprovida de importância. Só posso conhecer como verdadeiro aquilo que atua em mim. Mas o que não atua em mim pode também não existir. A necessidade religiosa reclama a totalidade, e é por isso que se apodera das imagens da totalidade oferecidas pelo inconsciente, que emergem das profundezas da natureza psíquica independentemente da ação da consciência.

XX

758   Creio que o leitor terá percebido com suficiente clareza que a evolução das grandezas simbólicas que acabamos de descrever corresponde a um processo de diferenciação da consciência humana. Tendo em vista porém que, como mostramos inicialmente, no caso dos arquétipos, não se trata de simples objetos de representação, mas também de fatores autônomos, isto é, de sujeitos vivos, é possível entender esta diferenciação da consciência como o resultado da intervenção de um dinamismo de caráter transcendental. Neste caso, são os arquétipos que produzem a transformação primária. Como, porém, não existem em nossa experiência estados psíquicos observáveis introspectivamente fora do homem, o comportamento do arquétipo não pode ser estudado sem a interferência da consciência do observador. Por isso nunca se pode resolver a questão de saber se o processo começa na consciência ou no arquétipo, a não ser que se despoje o arquétipo de sua autonomia, em contradição com o que nos ensina a experiência, ou então se pretenda rebaixar a consciência à mera condição de máquina. Ora, estaremos mais de acordo com a experiência psicológica, se reconhecermos no arquétipo um certo grau de autonomia e na consciência uma liberdade criativa que corresponda a seu próprio nível. Mas é daí que surge aquela interação dos dois fatores relativamente autônomos que, na descrição e explicação do processo, obriga-nos a destacar ora um, ora outro fator, como sujeito ativo. Isto acontece, mesmo quando o próprio Deus quer tornar-se homem. A solução até aqui procurada só escapou desta dificuldade por admitir a existência do Cristo Homem-Deus. Com a inabitação da terceira pessoa divina, isto é, do Espírito Santo no homem, opera-se uma cristificação de muitos, surgindo daí o problema de saber se estes são homens deuses em sentido pleno. Uma transformação desta espécie, entretanto, levaria a choques dolorosos, para não falarmos da inevitável inflação, à qual sucumbiriam os mortais ainda não liberados do pecado original. Neste caso, o mais aconselhável é lembrarmo-nos de Paulo e da cisão que se operou em sua consciência: ele se sente, de um lado, como apóstolo iluminado e chamado diretamente por Deus, e, de outro, como homem pecador que não consegue liber-

tar-se do "espinho fincado na carne" e do anjo de Satanás que o esbofeteia*. Isto significa que até mesmo o homem iluminado permanece aquilo que é, nada mais do que o seu próprio eu colocado em face daquele que habita em seu íntimo, cuja figura não tem limites definidos e reconhecíveis, e que o envolve por todos os lados, profundo como os fundamentos da terra e imenso como a vastidão dos céus.

---

* 2Cor 12,7 [N.T.].

Posfácio[*]

O seu pedido no sentido de comunicar ao público alguma coisa da história da origem de meu livro *Resposta a Jó* colocou-me diante de uma tarefa difícil, pois é quase impossível exprimir essa história em poucas palavras. Ocupei-me vários anos com o problema central desta obra, cujo fluxo de ideias foi alimentado por fontes dos mais diversos tipos, até que, afinal – e somente após madura reflexão –, achei que chegara o momento de exprimir tais ideias em palavras.

O motivo imediato que me levou a escrever este livro talvez foram certas questões que abordei em minha obra *Aion*, e de modo particular o problema de Cristo como figura simbólica e o problema do antagonismo Cristo-Anticristo, tal como vem expresso no simbolismo tradicional do signo zodiacal de Pisces.

Critiquei a ideia da *privatio boni*, em conexão com a discussão destes problemas e da doutrina da redenção, pois essa ideia não se coaduna com os conhecimentos psicológicos. A experiência mostra-nos que aquilo que chamamos de "bem" se contrapõe a um "mal" igualmente substancial. Se o "mal" não existe, então tudo o que existe seria forçosamente bom. Segundo o dogma, nem o "bem" nem o "mal" têm sua origem no homem, pois "o Maligno" existiu antes do homem, como um dos filhos de Deus. A ideia da *privatio boni* só começou a desempenhar um certo papel na Igreja, depois do aparecimento de Manes. Antes do maniqueísmo, Clemente de Roma ensinava que Deus governava o mundo com uma mão direita e com uma mão esquerda; pela mão direita ele entendia Cristo e pela mão es-

---

[*] Extraído de uma carta a *Pastoral Psychology* (Great Neck, Nova York), VI, 60, janeiro de 1956.

querda, Satanás. A concepção de Clemente é evidentemente monoteísta, pois une os contrários em um só Deus.

Mais tarde, porém, o cristianismo se torna dualista, na medida em que a parte dos opostos personificada em Satanás é separada da outra componente, e Satanás perdura no estado de condenação eterna. É este o problema central. Trata-se de um problema de importância capital e constitui o ponto de partida da doutrina cristã da redenção. Se o cristianismo reivindica para si a condição de religião monoteísta, a hipótese dos opostos presentes em Deus se faz necessária. Isto levanta um problema religioso de graves consequências: o problema de Jó. A finalidade deste meu livro é mostrar a evolução histórica deste problema através dos séculos, desde Jó até os acontecimentos simbólicos mais recentes, como, por exemplo, a *assumptio Mariae*.

Além disso, o estudo da filosofia medieval da natureza – que é de máxima importância para a psicologia – levou-me a procurar uma resposta para a questão de saber que imagem tinham esses filósofos a respeito de Deus, ou melhor, como devemos entender os símbolos que configuram sua imagem acerca de Deus. Tudo apontava no sentido de uma *complexio oppositorum*, lembrando o episódio de Jó, de um Jó que espera a ajuda de Deus contra o próprio Deus. Este fato estranhíssimo pressupõe uma concepção semelhante em relação aos opostos presentes em Deus.

Por outro lado, fui impelido por questões dos mais diversos tipos que me chegavam de todos os lados – e não somente as colocadas por meus pacientes – no sentido de elaborar uma resposta exaustiva e mais completa do que já formulara em *Aion*. Hesitei vários anos, pois pressentia as consequências deste passo e a tempestade que haveria de provocar. Mas me sentia impelido pela urgência e pela grande importância do problema, sem conseguir livrar-me dele. E assim fui obrigado a tratar de todo o problema, e o fiz, descrevendo uma experiência pessoal, acompanhada de emoções subjetivas. Escolhi propositadamente esta forma, pois queria evitar a impressão de estar pretendendo proclamar uma "verdade eterna". O livro de Jó pretende apenas ser a voz indagadora de um indivíduo que espera e mesmo aguarda a reflexão de seus leitores.

Referências

Acta Apostolicae Sedis. Commentarium officiale. Rom. Vatican. Vol. XVI e XVII. 1950.

Codex Bezae Cantabrigiensis. Londres/Cambridge: [s.e.], 1864 [SCRIVENER, Frederick H. (org.)].

Constitutio apostólica "Munificentissimus Deus". *Acta Apostolicae Sedis*. Commentarium officiale. Rom. Vatican. Vol. XVI e XVII. 1950.

FRANZ, M.-L. Von. Die Passio Perpetuae. In: JUNG, C.G. *Aion*. Untersuchungen zur Symbolgeschichte. Zurique: Rascher, 1951 [OC, 9/2].

JOANNES DAMASCENUS. Encomium in dormitionem etc. In: MIGNE, J.P. (org.). *Patrologia Grega*. t. 96, col. 721s. Paris: Migne, [s.d.] [Cit. aqui como *Patr. gr.*].

JUNG, C.G. *Aion*. Untersuchungen zur Symbolgeschichte. Zurique: Rascher, 1951 [*Aion* – Estudos sobre o simbolismo do si-mesmo. Petrópolis: Vozes, 2011 (OC, 9/2)].

_____. *Psychologische Typen*. Zurique: Rascher, 1921 [OC, 6].

_____. *Die Psychologie der Übertragung*. [s.l.]: [s.e.], 1946. [Em português: "A psicologia da transferência". In: JUNG, C.G. *A prática da psicoterapia*. Petrópolis: Vozes, 2011 (OC, 16)].

KAUTZSCH, E. *Die Apokryphen und Pseudepigraphen des Alten Testaments*. Tübingen: [s.e.], 1921.

MIGNE, J.P. *Patrologiae cursus completus*. Series latina. Paris: Migne, 1884-1880. 221 vol. [Cit. aqui como *Patr. lat.*].

PÁDUA, A. de. *Sermones dominicales et in solemnitatibus*. 3 vols. Pádua: [s.e.], 1895 [LOCATELLI, A.M. (org.)].

RUSKA, J. *Tabula smaragdina*: ein Beitrag zur Geschichte der hermetischen Literatur. Heidelberg: [s.e.], 1926.

SCHOLEM, G. *Die jüdische Mystik in ihren Hauptströmungen*. Zurique: [s.e.], 1957.

TERTULIANO. Adversus judaeos. In: MIGNE, J.P. *Patr. lat.*, t. 2, col. 595s. Paris: Migne, [s.d.].

_____. Apologeticus adversus gentes. In: MIGNE, J.P. *Patr. lat.*, t. 1, col. 386s. Paris: Migne, [s.d.].

_____. De testimonio animae. In: MIGNE, J.P. *Patr. lat.*, t. 1, col. 607s. Paris: Migne, [s.d.].

Índice analítico*

Abel 641, 650
Abraão 661[14]
Adão 656, 684[27]
- como imagem de Deus 628, 631
- como *Anthropos*, homem primordial 576, 619, 628, 641
- e Eva 618, 619, 624
- "hermafrodita" 618, 625
- e Lilith 619
- como prefiguração do Homem-Deus 628, 640
- e a serpente 619
- o segundo 625
Adônis 612, 715
Afeto(s) 729
Agar 713
Agnosticismo 735
Água da vida 726
Ahriman 579[3]
Ahuramazda 579[3]
Alegorias hermenêuticas 754
Alma 557
- Autonomia da 555
- subestima da 750
- transformação da 413
Alquimia 672, 714[24], 738, 755
- antecipação da 733
Amor à verdade 659
Amor ao próximo 701, 708

Amor, Evangelho do 715
"Ancião dos Dias" 619, 668, 678, 708
Animal, animais 620
- leão 613
ovelha 660
carneiro 744
lobo 659
- do Apocalipse 707
- no livro de Jó 633
- quatro 469
Anjos 612, 620, 671, 675, 681, 746
- decaído 742
- admoestadores 719
Anthropos teleios 755
Anticristo 654, 698, 725, 733, 743
Antimimon pneuma 654
Aparições de Maria 748
Apocalipse 737, 743, 746
- cavaleiros do 708, 733
Apolo e Leto 711, 713
Aposta de Deus 581, 587, 603
Aquário 725[11]
Arco-íris 577
Arquétipo(s) 624, 749, 754
- Abel como 641
- ativação do 714
- como grandeza determinante 648
- ser dominado pelo 713, 717

---

* A numeração dos verbetes corresponde à paragrafação do livro.

- antinomia interna do 660
- do hierógamos 624
- compensação pelo 698
- "luminosidade" dos 707[12]
- espontaneidade dos 757
- ser hermafrodita primordial 727
- transformação pelo 758

Arte moderna 725
Árvore(s), da vida 726
- oraculares 612
- como símbolos da deusa do amor e deusa mãe 610

Árvore do Paraíso 578
Asasel 669, 680
Astrologia 714, 725[11]
Átis 612, 718[3]
Atman 666
Autoconhecimento, conhecimento de si mesmo 662
Autoconhecimento, meditar sobre si mesmo 639
Autossacrifício 741
Awareness 638

Babilônia, a meretriz 721
- confusão das línguas em Babel 695

Balder 715
Barbelo, barbeliotas 672
Barnabé 656
Batismo 659, 678
Beemot 681
Bem, e Mal 696
- encarnação do 742
- *omne bonum a Deo...* 739

Benedictio fontis 677
Bode-expiatório, projeção sobre o 617
Bomba atômica 733, 747, 851
Branco e preto 743
Buda 647, 666

Cabala 595[8], 728
Caim e Abel 577, 619, 629, 654, 668

Caprichos, disposição de espírito 629, 728
Carbúnculo 738
Casca, travessa 594, 624
Castração 718[3]
Catástrofe universal 735
Catolicismo e dogma da Assunção de Maria 748, 754
Cavaleiros, quatro 734
Céu 681
- eterno 611
- concebido como masculino 727
- em cima, embaixo 711

Chequiná 727
China 727[19]
Cibele 718[3]
Cidade, como arquétipo 728
- *polis, metropolis* 612, 620
- quadratura da 627

Ciências(s), desenvolvimento das 742, 746
Círculo, dividido em quatro partes 738
Cisão, pleromática, metafísica 677
Cisma 689
Civitas Dei (Cidade de Deus) 743
Colorbas 672
Compensação, compensações, das disposições da consciência 699, 732
Comunismo 688
Conceito de Deus, como totalidade 740[2]
- paradoxal, confrontação com o 736
- relatividade do 607

Conceitos de verdade 735
Concupiscentia 743
Conflito(s) 659, 745
- solução dos 728

Conflito de deveres 738
Confrontação 587
- como objetos luminosos 735

Conhecimento de Deus 659, 661, 732, 735, 748

- autoconhecimento de Deus 618
Conhecimento metafísico 637, 735
- compulsão ao 659
Coniunctio (cf. tb. União dos opostos) 716, 738
Consciência 579, 620, 658
- influência da consciência através do inconsciente 714, 740
- cristã e inconsciente pagão 713
- diferenciação da 642, 665, 758
- estorvamento da 740²
- unilateralidade da 730
- alargamento da 620, 669, 671, 731, 755
- consciência do eu 713
- compensação da 711, 715, 730
- moralidade, autoridade moral da 716
- criadora 758
- níveis da 746
- *tertium non datur* 738
- modificação da 639
Consciência e inconsciente 746
- confrontação 756
- dissociação entre 688
- como totalidade do homem 755
- desnível entre 665
- tensão antitética entre 717
- separação entre 665
Consciência reflexa, como critério moral 696
Convenção 696
Cordeiro 707, 712, 715
- núpcias do 726, 744, 749
- transformação do 743
- visão do c. em João 718
Criador (cf. tb. Deus) 575, 587
- e sua criação 619, 658, 659
Criança(s) 651
- na alquimia 738
- "divina" 711, 713, 755
- visões de Maria por parte de 748

- "se não vos tornardes como..." 743
Cristal 620, 681, 708, 727
Cristianismo 736
- e paganismo 656
- histórico 655, 687
- de João 717
- difusão universal do 713
- efeitos do 739
- primitivo 738
Cristificação 758
Cristo 713
- *Adam secundus* como 713
- e o Anticristo 693, 733
- como advogado 684, 691
- antecipação de 684
- do Apocalipse 700, 712, 715
- ressurreição de 663
- ditos (palavras) de 647
- e o mal, o elemento obscuro 716, 742
- como "irmão" 658
- "desmitização" de 647
- e a terra 727
- como redentor, obra redentora de 631, 658, 715
- como totalidade 667, 690
- nascimento de 629, 637, 644, 657, 690, 712, 738
- como Deus 628, 663
- e como homem 645
- como Filho de Deus 625, 658, 663
- como aquele que traz salvação 748
- como herói 690
- como pastor 712
- *imitatio Christi* 717
- encarnação de 657, 741, 744
- interior, "em mim", "em nós" 713
- e João 712
- e a Igreja 727
- na cruz 647, 661, 739
- paralelo entre Cristo e a pedra (filosofal) 738

- vida de 645, 713
- como *symbolum* 648
- doutrina de 685
- sofrimento, paixão de 628
- como *Logos* 619, 628
- e o homem, relação entre 713
- como Filho do Homem 690
- como *Nous* 628
- numinosidade de 661
- revelação de 667
- morte sacrificai de 658, 692
- peregrinações de 650
- vingador 716
- como Salvador *(Soter)* 688
- e a sombra 725
- e Satanás, e o diabo 650, 653, 725
- entre os malfeitores 739
- e a serpente 619
- como espada 659, 728
- como símbolo 713
- autorreflexão, deficiente de 647
- cartas abertas de 700
- impecabilidade de 657, 690
- como vítima de expiação 658, 689, 740
- ameaça à supremacia de 752
- perfeição de 627
- como mestre de obras da criação 628
- irascibilidade de 646, 725
- dúvidas com relação a Deus 652
- aos doze anos 644
- imagem, recepção de Cristo no inconsciente 715

Crítica racional das imagens 516, 558
Cruz 690
- como símbolo 595
- do sofrimento de Deus 659

Daniel, visão de 668, 671
Davi 569, 578, 599, 612
Demiurgo, superpotência do 605
Demônio(s) 619
Descida aos infernos 739
Deus, divindade (cf. também Javé), afetos em relação a 561, 735
- onipotência, onisciência de 567, 586, 631, 658, 670
- idade de 683
- antinomia de 560, 584, 623, 659, 664, 736, 739, 746
- confronto no interior (intradivino) de 587
- *deuteros theos* 594
- dissociação, divergência de 694
- duplo aspecto de 733
- obscuro, tenebroso 654, 739, 747
- renovação de 624
- aparição de J. em ou junto a árvores 612
- existência de 751
- nascimento de 625, 733, 739, 749
- no inconsciente 713
- justiça de 614, 681
- encarnação de 625, 631, 639[3], 641, 650, 654, 657, 659, 667, 677, 686, 692, 694, 717, 739, 741, 743, 747, 755, 758
- círculo como símbolo de 727
- luminoso 698, 726
- como amor 619, 719, 729
- o "bom", o "misericordioso" 599, 600[13], 623, 658, 663, 711, 715
- o amor a Deus 732, 743, 746
- natureza bissexual, bissexualidade de 748
- e o homem 566, 570, 575, 579, 604, 623, 645, 650, 661, 670, 684, 692, 732, 736, 739, 755
- separação de 757
- união, reconciliação entre 657, 689
- revelação de 631
- *Pneuma* de 729
- como fator psíquico 750

- quaternidade de 686
- e Satanás, e o diabo 697
- que morre e ressuscita 641
- como *Summum Bonum* 651, 662, 689
- e o inconsciente 740, 755
- estado de inconsciência de 659
- como Pai, como Pai e Filho 683
- transformação de 625, 631, 686
- Sabedoria como palavra de 612
- realidade de 558, 631
- ira de 734, 740, 743
Deusa do amor 645
Deuses, ruína dos d. da Antiguidade Clássica 665
- bramânicos 666
- que morrem prematuramente e ressuscitam 613, 646, 650, 718
- da Grécia 607
- pagãos 576
- mãe e filho (Maria e Cristo) como 626
- teriomórficos do Egito 600
- de quatro 672
"Deveria" 746
Diabo (cf. tb. Satanás) 726
- como "príncipe deste mundo" 698
Dilúvio 578, 653, 669
Dioniso 639[3]
- como deus que morre prematuramente 612
Dissociação 698
Dogma(s), da Assunção de Maria 743, 748, 752
- desenvolvimento da 655
- significado dos 754
Dominantes, "representações superiores" 738
Doutrina da predestinação 645, 719, 740
Doutrina da redenção 659
Dragão 711

- do Apocalipse 710, 713
Dualismo 619
Dúvida 652, 660, 726, 735
Dúvida a respeito da obra da redenção 654
- no Pai-nosso 652

Éfeso 700, 734[1]
Egito 641
- encarnação de deus no 624, 631
- teologia real 748
Eleição divina 577, 620, 646, 655, 678, 718
Elementos, quatro 674
Elias, arrebatamento de 686
Eloim 576
Eliú 566
Emoção, emoções 647
- experiência das 619
- subjetiva 559
- e a razão crítica 556
Enantiodromia 627, 694, 717
- do *eon* dos peixes 725, 733
Encarnação, apreciação da 626
- continuação de 655
Ens realissimum 558
Enunciado(s), ditos de Cristo, numinosidade dos e. metafísicos 735
- religiosos 735, 752
Era dos peixes 725, 733
Eros, como relação pessoal 621
Escatologia 645, 647
Esmirna 705
Espada 698
Espírito da época, protestantismo e o 751
Espírito, estado de diferenciação do 742
- liberdade do 754
Espírito Santo 655, 746
- encarnação do 693, 758
- como Paráclito 612, 655, 692

- como Terceira Pessoa da Trindade 656, 693
- como "Espírito de Verdade" 655, 692, 695
- propriedade feminina do 646
- ação do 657, 696, 741, 743, 749
- geração pelo 690

Esquizofrenia, no paraíso 619, 620
Estado de Bardo 620, 629
Estrela 674[11], 711
- "estrela da manhã" 690[2], 706
Estrela da manhã, v. Estrela
Ética 567, 571, 738
- cristã 659, 661
Eu, e o si-mesmo 713
Eva, e a serpente 620
- *secunda,* prioridade da 625
Evangelistas, quatro 667, 727
Evangelho, *Evangelium aeternum* (Joaquim de Fiore) 733, 743
- do amor 733
Experiência vital de Deus 562
Êxtase 696
Ezequiel 681, 707
- como "filho do homem" 667, 677, 686, 690, 692, 694, 698
- revelação de 686
- visão de 600
- natureza arquetípica da 665

Fábulas 738
Fantasia 556
Fanuel 680, 691
Faraó 624
Fausto 742, 750
Fé 555, 735, 757
- como realidade psíquica (fato psíquico) 553
- pressupostos da 659
- e dúvida 735
Fenômenos psíquicos irracionais 736
- espontâneos 557, 665

Filho, arquétipo do 713
- como *complexio oppositorum* 712
- sacrifício do 662, 690, 729
- da mulher do Sol 738
- como símbolo de conjunção (unificação) 711, 738
Filho(s) de Deus, consciência dos 671
- nascimento do 644
- que morre prematuramente 718
- e os filhos dos homens 667
"Filho do Homem" 667, 672, 679, 690, 719
Filadélfia 703
Filiação divina 735
Filius sapientiae 714[24], 738, 748
- *solis et lunae* 748, 756
Filosofia hermética 756
Física 749[2]
Foice 720
Fonte de "justiça" 678
Fonte 671
Fratricídio 618

Getsêmani 659
Gigantes 669
Gnose 732
- de Jó 739
Gregos, Grécia 607
- heróis 648
- mitologia dos 712

Hades 671
Henoc 669, 674, 725
- arrebatamento de 682
- como "filho do homem" 682, 690, 693
- visão de 698
Hereges, heresia 694
Hermafrodita, ser hermafrodita primordial 727
Hermes 656
Herói, nascimento do 644
- em sonhos 738

Hierógamos 624, 711, 727, 743, 748, 755
História da salvação, soteriologia (doutrina da salvação) 654
Hinologia protestante 752
Historicismo racionalista 749, 754
Hohma 610
Homem-Deus 690
- criação do 625
- prefiguração do 628
Homem, e mulher 627
- estado de perfeição como *desideratum* do 621
- e o lado tenebroso, o mal 692, 739
- exaltação do 650, 663, 668, 692
- redenção, necessidade por parte do 626, 631
- liberdade, livre-arbítrio do 620, 658
- totalidade do 713, 756
- totalização (processo de totalização) do 745
- filiação divina, condição de Filho de Deus 693
- superior 742
- *homo altus* 707, 738
- hílico (feito de matéria) 571
- moderno 736
- e processo de individuação 755
- sonhos do 738
- sacrifício do 689, 698
- religioso, psicologia do 753
- como imagem do Criador 575, 638
- culpa, pecado do 693
- e Sofia, e sabedoria 622
- no processo de transformação 413
Homem primitivo, pensamento do 750
Homem primordial (cf. tb. *Anthropos*) 577, 618, 628, 639
- e imagem de Deus 617, 619
- cósmico 711
- feminino 626, 712
Homunculus 738
Hórus 711
- e os quatro filhos 600

Idade Média 755
Idiossincrasias 629
Ignorância de si mesmo 746
Igreja, racionalismos dos recursos oferecidos pela 754
- cisma na 659
Iluminação 758
Iluminismo 735
Imagem, imagens (cf. tb. Arquétipo) antropomórficas 556, 574
- como processos psíquicos 558
- sagradas 559
- metafísicas 556
- religiosas, e o inefável 555
- espontaneidade das 557
- transformação das 555
- proibição de reproduzir 584
Imagem de Deus 625, 656, 660
- diferenciação da 674
- e totalidade arquetípica 757
- confrontação com 740
- numinosidade, caráter numinoso da 558
- e símbolo do si-mesmo 757
- modificações pelas quais passou a 555
Imortalidade 612, 626
Inconsciência 600, 745
- libertação da 659
- como raiz de todos os males 696
Inconsciente 677, 712
- inquietação do 665, 668, 696
- antinomia, caráter antitético do 741
- como grandeza determinante 648
- coletivo 748, 754
- pessoal 717
- compensação por meio do 668, 699, 724
- manifestação do 713
- espontaneidade do 746, 756

- efeitos do 756
Índia 610, 666
- influência da Í. sobre o cristianismo 713
Individualidade 745
Inefável 756
Inflação 669, 758
Inferno 650, 659
- Cheol 679
Instinto(s) 745
- ausência do 658
Intelecto 659
- e sentimento 558
- *sacrificium intellectus* 659, 661
Inteligência 659
Ioga 666
Irmãos, dois inimigos 619, 629
Isaac 661[4]
Ishtar 612
Israel 618, 620, 637

Jacó e Esaú 630
Jaspe e cornalina 708
Jared 684[27]
Javé 624, 637, 669, 732
- afetos, emoções de 620, 659
- onipotência, onisciência de 568, 576, 584, 597, 602, 617, 619, 626, 636, 661, 671
- antinomia, paradoxismo em 561, 567, 604, 618, 623, 686, 739
- diferenciação de consciência de 641, 685
- aliança de J. com Israel 569, 577, 599, 619, 620, 638
- ciúme de 561, 580, 623
- justiça de 566, 581, 598, 605, 616, 641, 650, 678
- como Deus bom (benévolo), Deus de bondade 650, 683
- e Jó 565, 578, 623, 639, 647, 664, 740
- encarnação de 640, 648, 673, 683, 740
- e Israel 617, 619, 739
- caprichos, ira de 560, 568, 583, 650, 664, 734, 741
- e o homem 568, 575, 602, 623, 667, 685
- como personalidade distinta 569, 577
- como fenômenos 600, 606
- "desígnio" de 586, 598
- e Satanás 581, 587, 601, 616, 622, 634, 650, 659, 694
- autorreflexão de 574, 580, 617, 640
- e Sofia 615, 619, 623, 638, 672, 728, 743, 748
simbologia, simbolismo animal de 600
- inconsciência de 582, 596
- injustiça de 584, 665, 686
- ruptura do pacto por parte de 573, 578, 595
- transformação de 614, 618, 637
- dúvida de 579, 623
- projeção da 591, 597
Jerusalém 611, 710, 723
- esposa celeste 712, 719, 726
Jesus, como profeta 689
Jezabel 703, 730
Jó 573, 647, 657, 685, 742
- resposta a 603, 647, 694
- datação de 665
- exaltação de 642, 682
- conhecimento que Jó tem de Deus 567, 584, 618, 623
- desafio de 593
- culpa de 586
- superioridade de 640, 665
- e o diabo 616
João, apóstolo 744[5]
- das cartas 698, 717, 729, 735
- do Apocalipse 698, 708, 713, 717, 729, 738
- visão de 707, 713, 732, 741, 744

Judas 650
Judeus, escolha divina dos 576
Justiça 682
- "poço" da 678

Laodiceia 706
Lei 696
Leto 711, 713
Leviatã 681
Lilith 619, 625
Logos 610, 619, 655
Lua 711
Lúcifer 620, 640, 733
Luz(es), e obscuridade, e sombras 681, 698, 716, 731, 756

Mãe, culto da grande 718[3]
- e filho, identidade entre 628
- casamento entre 744
- mulher solar como 711
- no deserto 712, 741
- e amante 612
Maia, cruzes maias em Iucatã 639[3]
Mal, acumulação do 653
- inclusão do 696
- libertação do 651, 659
- identidade com o 739
- moral do 742
- projeção do 693
- no *Sohar* 595[8]
- vitória sobre 693
- choque com o 693
Mandala, simbologia do 673
Maomé 647
Maria (cf. tb. Virgem) 712[17]
- *Assumptio Mariae* 625
- *Conceptio immaculata* de 690, 712
- como genitora de Deus 626, 744[5]
- virgindade de 625
- como *mediatrix* 626, 748, 754
- *obumbratio Mariae* 744[6]
- e Satanás 626

- e Sofia 625, 628, 645, 744
- e Trindade 748
Marte 690[2]
Matéria, material dos alquimistas 739
Mediador, intermediário 692, 748
Mediator 756
Médico, e o paciente 738
- e o diretor espiritual 738
Medo, temor, compensação do 591
Mefistófeles 720
Melancolia 723
Menino, recém-nascido 716
- como "advogado" no céu 745
- arrebatamento do 713, 745
- divino 712, 741
- como mediador 717
- *puer aeternus* 742
Mercúrio 672
Messias, escatológico 473
- arrebatamento do 743
Meta da vida 746
Metafísica 593, 608, 748
- enunciados metafísicos, conhecimento dos 638
-- realidade dos 749[2]
-- divisão dos 619, 675
Miguel 681
Mitologema 754
Mito(s) e ficção 648
- pagãos 643, 713
- realização do 619
Mitra, mitraísmo 753
Monoteísmo 608, 619
Moral 754
- cristã 659
- decisões morais 738
- julgamento moral 568
Morte das crianças de Belém 649, 706
Mulher, exaltação do princípio feminino 627
- emancipação da 753

- inferioridade da 620
- aspiração da m. à plenitude de vida 620, 627
Mulher solar, revestida de sol 711, 719, 738, 743
Mundo, confrontação com o 754
- redenção do 708
- criação do nada 629
- divisão do m. em duas partes 660

Nascimento, do herói 644
- virginal, tema do 735
Natureza, reconciliação entre n. e espírito 712
Nicolaítas 702, 731
Nigredo (negrura, negro) 742
Noé 577, 672
Noiva, e noivo (esposa e esposo) 748, 752
- de Cristo 752
- tálamo nupcial 743[4], 754
Nous 619
- como serpente 619
Nume 611
- do caminho do destino 747
Numinosidade, experiência numinosa íntima 583, 735

Obra da criação 620, 631, 648
- *ex nihilo* 431, 641
Obra redentora de Cristo 695
- concepção tradicional da 661
Obscuro 718
- claro e 671
Olho 707
Operações mentais inconscientes 638
Oposição, oposições, oposto(s), antítese(s)
- dilaceramento dos pares opostos 729
- tomada de consciência dos o. como redenção 659
- reconciliação dos 728

- tensão dos 738, 743, 746, 754, 755
- *complexio oppositorum* 712
O que está em cima, o que está embaixo 676
Oração, atendimento da 746
- efeitos da 740[2]

Paganismo 576, 642, 713
Pai e filho 682
Pai-nosso 652, 655, 660
Paixão reprimida, compensação da 716
Paráclito 655, 741
- como "Espírito da Verdade" 690, 698
Paraíso 619, 659, 726, 739
Patriarcado 629
Patronos 744[5]
Paulo 645, 656, 696, 698
- tensão de consciência de 758
Pecado 692, 698
- libertação do 658
Pecado original 626, 675, 692, 741, 746, 758
Pedra 738
Pedro 696
Pégaso 725[11]
Pensamento, mágico 750
- primitivo 750
"Perda da alma" 488
Perfeccionismo 621, 626
Perfeição 620
Pérgamo 702
Peregrinatio 676
Perpétua, Santa 713
Physis 758
Pitágoras 647
Plantas, funcionamento das 620
Pleroma 733, 748, 754
- preexistência pleromática 727
- acontecimento pleromático 630, 632, 677

Pneuma, natureza feminina do 608, 619, 645
- como água e fogo 754
Poder 566
- divino do homem 746
Pomba do Espírito Santo 646
Pontos cardeais, quatro 678
Possessão 735, 742
Primogênitos, morte dos 661
Privatio boni 600[13], 685
Processo de individuação 739, 743, 755
Processos psíquicos inconscientes, transcendentais 559
Profetas 667
- falsos 699, 723
Protestantismo, e o dogma da *Assumptio* 748, 754
- e catolicismo 655, 754
- como religião do masculino 754
Psicologia 645
- empírica 647
Psicologia religiosa 751
Psicologismo 750
Psicoterapeuta 629
Psicose(s) 731, 740
Psique, subestima, depreciação da 749[2]
- realidade da 750
Psychopompos (aquele que mostra o caminho) 612
Ptolomeu 609
Puer aeternus 742
Purusha 666, 713

Quadrado 727
Quadratura 738
Quaternidade 672, 677, 689
- em Ezequiel 665
- superior e inferior 674
Quatro, pontos cardeais 678
- cavaleiros 734
- torrentes 726
"Quebra dos vasos", das cascas, 595[8], 703
Queda dos anjos 669
Queda, no pecado original 579, 619
Quinta essentia 666

Racionalismo 754
- e símbolo 754
Rafael 679
Razão raciocinante 556, 688, 754
- possessão pela 736
- "divina" 658
Realidade 555
- "é verdadeiro aquilo que atua" 757
Recepção, fenômenos de 715
Recipientes, vasos 625
- "quebra dos" 595[8]
Redenção, libertação 659
Reflexão 560, 640
- *awareness* e 637
- falta de 659
Reflexão em torno de si mesmo 573, 579, 617
- falta de 647, 709
Reforma 740, 752
Rei 566, 569
Religião, pagã 642
- como mito 649
- psicologia da 754
- problema, médico e enunciados religiosos 738
Representações, concepções de Deus 685
Representações inatas, hereditariedade das 559
- "supremas" 739
Representações messiânicas 686
Reprodução, evitar a 728
Ressentimentos 710, 718
Ressurreição 686, 735
Revelação, revelações 637, 687, 696

- como irrupções do inconsciente 663, 699, 713
- pagãs 643
- individual, e protestantismo 749
Rito da *benedictio fontis* 678
Ruah Eloim 610, 619

Sabedoria (cf. tb. *Sofia*) 610, 728, 743
- autonomia da 623
- como "mestra de obras de todas as coisas" 612, 625
- comparação com árvores 612
Sacrifício humano 697
Sacrificium intellectus 659, 661
Safira 599
Sangue de Cristo, e vinho 720
Santos 742
Sapientia 742
- *Dei* 609
Sardes 706
Satanás (cf. tb. Lúcifer, demônio) 629, 659
- como acusador 683
- ciúme de 654
- e os anjos 680
- como olho de Deus 579³
- como filho de Deus 641, 653
- como *pneuma antimion* 653
- queda de 650, 676, 691, 713
- "sinagoga" de 705
- como trapaceador 619, 620
- aposta de S. com Deus 587
- como *pensamento de dúvida* 578, 587
Saturno 690²
Sefira, Sefiroth 595⁸
Segredo, mistério 708
Segunda-feira 619
Semelhança com Deus 584
Semiasa 669
Sentimento 708

Serafins, quatro 668, 676
Set 577
Sete 698, 707, 722
Shiva e Shakti 610
Símbolos, arquetípicos 754
- compensação mediante 749
- e o inconsciente 745
- de "conjunção", "unitivos", de unificação 712, 726, 738, 757
Si-mesmo 745, 755
- arquétipo do 757
- e consciência 715
- como totalidade 714
- de João do Apocalipse 713
- caráter finalístico do 745
Socialismo 689
Sodoma e Gomorra 654
Sofia 610, 613, 619, 636, 712, 728, 744
- anamnese vétero-testamentária da 744, 749
- bondade da S. para com os homens 623
- como mãe da criança divina 714
- como grande mãe 721
- como Espírito Santo 646
- nascimento do filho do seio da 739
- como mestra de obras da criação 617, 625, 629, 642
Sofrimento, por causa da antinomia 659
- compensação do 583
Sol, do meio-dia 711
- e lua 713, 717, 745, 756
Sombra 702, 718, 730
- projeção da 598
Sonho(s) 738
- operação mental 638
- símbolos da unificação dos opostos no 738, 745
- símbolo da totalidade e de Deus 758

- compensadores 732
- e fábulas 557
- como manifestações do inconsciente 665
Sponsus, sponsa 613
Soter 689
Sujeito cognoscente e objeto 557
- dependência em relação ao 573
Summum Bonum 686
Superior, inferior 619

Tammuz 612, 715
Temor de Deus 576, 620, 663, 718, 729
Tempo, como conceito relativo 631
Terapia da neurose 738
Terra 727
- forma quadrada da 727
- como lugar de origem de Cristo 727
Tetramorphus, tetramorfo (Evangelho) 689
Tomada de consciência 575, 675
Totalidade 665
- transcendente ao plano da consciência 742
- e quaternidade 727
- concretização da 745
- representações da t. como fenômenos espontâneos 665

Tradição 558
- cristã 713, 738
Transformações 692
Transubstanciação 735
Trindade 748

Unidade, unilateralidade 742
- compensação da 698, 730
Urânio 750

Vida do herói 644
Videira 612
Vinho e sangue 720
Virgem (cf. tb. Maria) 643, 718, 723
- arquétipo da 715
Virtude 729, 743
Visão, visões 739
- como irrupções do inconsciente 664
- marianas 748
- como produto natural 667
- da mulher solar 738, 744
Vontade 688, 757
Vontade de Deus 659, 694

Zeus 569, 656

Conecte-se conosco:

facebook.com/editoravozes

@editoravozes

@editora_vozes

youtube.com/editoravozes

+55 24 2233-9033

www.vozes.com.br

Conheça nossas lojas:

www.livrariavozes.com.br

Belo Horizonte – Brasília – Campinas – Cuiabá – Curitiba
Fortaleza – Juiz de Fora – Petrópolis – Recife – São Paulo

EDITORA VOZES LTDA.
Rua Frei Luís, 100 – Centro – Cep 25689-900 – Petrópolis, RJ
Tel.: (24) 2233-9000 – E-mail: vendas@vozes.com.br